プリント形式のリアル過去問で本番の臨場感！

滋賀県

滋賀大学教育学部附属中学校

2025年春 受験用

解答集

本書は，実物をなるべくそのままに，プリント形式で年度ごとに収録しています。
問題用紙を教科別に分けて使うことができるので，本番さながらの演習ができます。

■ 収録内容

・解答集（この冊子です）

書籍ＩＤ番号，この問題集の使い方，最新年度実物データ，リアル過去問の活用，解答例と解説，ご使用にあたってのお願い・ご注意，お問い合わせ

・2024（令和６）年度 ～ 2018（平成30）年度　学力検査問題

JN132131

○は収録あり	年度	'24	'23	'22	'21	'20	'19
■ 問題収録		○	○	○	○	○	○
■ 解答用紙※		○	○	○	○	○	○
■ 配点							

全教科に解説があります

上記に2018年度を加えた7年分を収録しています
※2022年度以前は書き込み式
注）国語問題文等非掲載：2024年度の本文，2023年度の本文，2021年度の本文

問題文の非掲載につきまして

著作権上の都合により，本書に収録している過去入試問題の本文の一部を掲載しておりません。ご不便をおかけし，誠に申し訳ございません。

本文の一部を掲載できなかったことによる国語の演習不足を補うため，論説文および小説文の演習問題のダウンロード付録があります。弊社ウェブサイトから書籍ＩＤ番号を入力してご利用ください。

なお，問題の量，形式，難易度などの傾向が，実際の入試問題と一致しない場合があります。

教英出版

■ 書籍ＩＤ番号

入試に役立つダウンロード付録や学校情報などを随時更新して掲載しています。
教英出版ウェブサイトの「ご購入者様のページ」画面で，書籍ＩＤ番号を入力してご利用ください。

書籍ＩＤ番号　101424

（有効期限：2025年9月30日まで）

【入試に役立つダウンロード付録】
「要点のまとめ(国語／算数)」
「課題作文演習」ほか

■ この問題集の使い方

年度ごとにプリント形式で収録しています。針を外して教科ごとに分けて使用します。①片側，②中央のどちらかでとじてありますので，下図を参考に，問題用紙と解答用紙に分けて準備をしましょう（解答用紙がない場合もあります)。

針を外すときは，けがをしないように十分注意してください。また，針を外すと紛失しやすくなりますので気をつけましょう。

① 片側でとじてあるもの

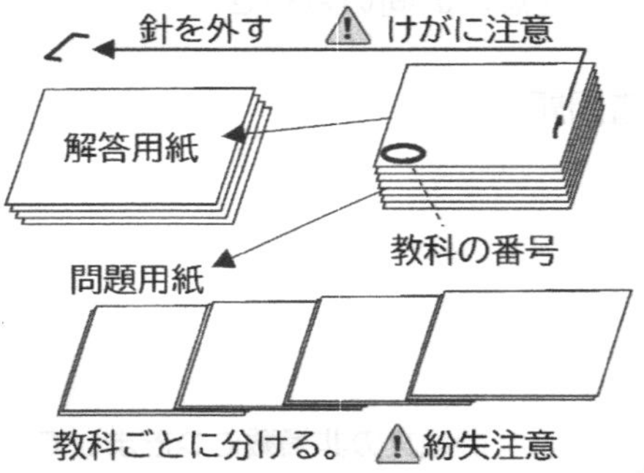

② 中央でとじてあるもの

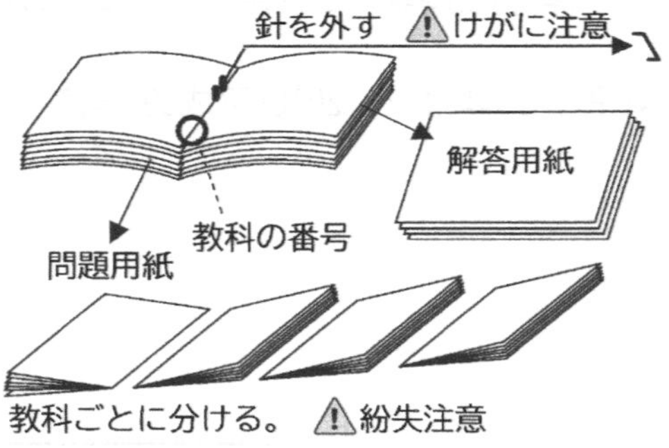

※教科数が上図と異なる場合があります。
解答用紙がない場合や，問題と一体になっている場合があります。
教科の番号は，教科ごとに分けるときの参考にしてください。

■ 最新年度 実物データ

実物をなるべくそのままに編集していますが，収録の都合上，実際の試験問題とは異なる場合があります。実物のサイズ，様式は右表で確認してください。

問題用紙	Ａ４冊子(二つ折り)
解答用紙	Ａ４片面プリント

リアル過去問の活用

～リアル過去問なら入試本番で力を発揮することができる～

本番を体験しよう！

問題用紙の形式（縦向き／横向き），問題の配置や余白など，実物に近い紙面構成なので本番の臨場感が味わえます。まずはパラパラとめくって眺めてみてください。「これが志望校の入試問題なんだ！」と思えば入試に向けて気持ちが高まることでしょう。

入試を知ろう！

同じ教科の過去数年分の問題紙面を並べて，見比べてみましょう。

①　問題の量

毎年同じ大問数か，年によって違うのか，また全体の問題量はどのくらいか知っておきましょう。どのくらいのスピードで解けば時間内に終わるのか，大問ひとつにかけられる時間を計算してみましょう。

②　出題分野

よく出題されている分野とそうでない分野を見つけましょう。同じような問題が過去にも出題されていることに気がつくはずです。

③　出題順序

得意な分野が毎年同じ大問番号で出題されていると分かれば，本番で取りこぼさないように先回りして解答することができるでしょう。

④　解答方法

記述式か選択式か（マークシートか），見ておきましょう。記述式なら，単位まで書く必要があるかどうか，文字数はどのくらいかなど，細かいところまでチェックしておきましょう。計算過程を書く必要があるかどうかも重要です。

⑤　問題の難易度

必ず正解したい基本問題，条件や指示の読み間違いといったケアレスミスに気をつけたい問題，後回しにしたほうがいい問題などをチェックしておきましょう。

問題を解こう！

志望校の入試傾向をつかんだら，問題を何度も解いていきましょう。ほかにも問題文の独特な言いまわしや，その学校独自の答え方を発見できることもあるでしょう。オリンピックや環境問題など，話題になった出来事を毎年出題する学校だと分かれば，日頃のニュースの見かたも変わってきます。

こうして志望校の入試傾向を知り対策を立てることこそが，過去問を解く最大の理由なのです。

実力を知ろう！

過去問を解くにあたって，得点はそれほど重要ではありません。大切なのは，志望校の過去問演習を通して，苦手な教科，苦手な分野を知ることです。苦手な教科，分野が分かったら，教科書や参考書に戻って重点的に学習する時間をつくりましょう。今の自分の実力を知れば，入試本番までの勉強の道すじが見えてきます。

試験に慣れよう！

入試では時間配分も重要です。本番で時間が足りなくなってあわてないように，リアル過去問で実戦演習をして，時間配分や出題パターンに慣れておきましょう。教科ごとに気持ちを切り替える練習もしておきましょう。

心を整えよう！

入試は誰でも緊張するものです。入試前日になったら，演習をやり尽くしたリアル過去問の表紙を眺めてみましょう。問題の内容を見る必要はもうありません。どんな形式だったかな？受験番号や氏名はどこに書くのかな？…ほんの少し見ておくだけでも，志望校の入試に向けて心の準備が整うことでしょう。

そして入試本番では，見慣れた問題紙面が緊張した心を落ち着かせてくれるはずです。

※まれに入試形式を変更する学校もありますが，条件はほかの受験生も同じです。心を整えてあせらずに問題に取りかかりましょう。

滋賀大学教育学部附属中学校

《国　語》

問一．①必ず　②重要　③周囲　④位置　⑤状態　⑥挙げ　⑦見事　⑧自ら　⑨博物　⑩修理

問二．1　問三．中学生がたたく大きな太鼓　問四．ウ．×　エ．○　オ．○　問五．外来語　問六．3

問七．⑴太鼓を付けることができない　⑵限定／制限　などから1つ　⑶今までよりも担い手の幅が広くなるように

《社　会》

1　⑴ア　⑵①水田の区画が整理されている。　②機械を使って農作業をできるようにするため。　⑶イ　⑷農薬や化学肥料があまり使われていないので，安心して食べることができる。　⑸地産地消　⑹富山県　⑺ア

2　⑴ア　⑵9　⑶原子爆弾を落とされ，多くのぎせい者が出たことから，平和の大切さを世界や次の世代に伝える取り組みをしているから。　⑷大陸の文化を学ばせ，新しい国作りに役立てるため。　⑸正倉院　⑹平清盛　⑺⑤エ　⑥ア　⑻C，D

《算　数》

1　⑴6　⑵8　⑶4.71　⑷3780　⑸58

2　⑴91　⑵336　⑶11

《理　科》

1　⑴水，適切な温度　⑵結果の原因が変えた条件によるものであることを確かめるため。　⑶水の中には空気がないと考えたから　⑷種子は，水中にたくさん空気をおくりこむほど，よく発芽するのではないかということ。　⑸北極星　⑹ウ　⑺エ

2　⑴①作用点　②ウ　⑵より支点に近いC（刃元）を使って切るとよい。　⑶輪じくがつり合っているとき，「じくの半径」に「つるしたおもりの数」をかけた数は「輪の半径」に「輪につるしたおもりの数」をかけた数にいつも等しくなっていることがわかって，6，8回目の場合はつるしたおもりの数を整数として答えが求められないから。　⑷てこで支点から力点までのきょりを長くしたとき，そのきょりが長いほど小さな力でものが動かせるのと同じで，回転するじくから力点までのきょりが長いじゃ口Bの方がより小さな力でじゃ口を回すことができるから。

《2024 国語 解説》

著作権上の都合により文章を掲載《けいさい》しておりませんので、解説も掲載しておりません。ご不便をおかけし、誠に申し訳ございません。

《2024 社会 解説》

1 (1) ア　ア～エを作業の早い順に並べると，田おこし→田植え→稲かり→だっこくの順になる。

(2) 昔の水田は形がまちまちで，一つあたりが小さかったため，機械を使って田植えをしたり，稲かりをしたりすることが難しかった。今の水田を見ると，長方形や三角形などの形になり，一つあたりが大きくなっていることから，コンバインなどの大きな機械でも作業ができることが読み取れる。

(3) イ　スマートフォンを使って現地の映像を見ることができることから，水田に行く必要がなくなる。

(4) 資料３の最後に，「必要以上に農薬を使わず，化学肥料も通常の半分以下に減らしています。」とある。

(5) 地産地消　地産地消は，トラック等での輸送距離が短くなり，地球温暖化の原因となる二酸化炭素の排出を抑えることができる。

(6) 富山県　略地図１の県名とその位置は右図を参照。

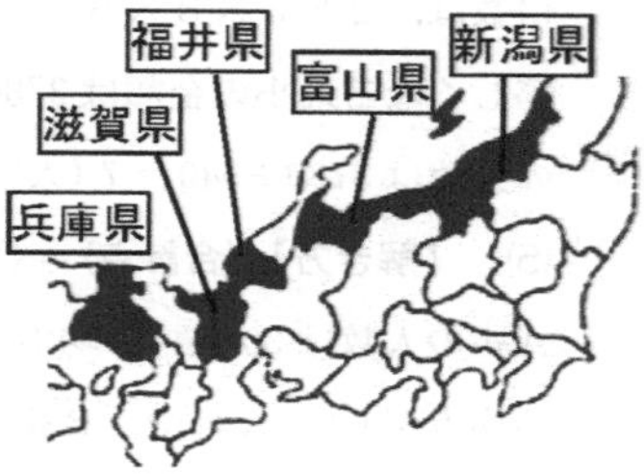

(7) ア　冬の北西季節風が，暖流の対馬海流の影響を受けて，日本海上空に大量の水分を含んだ雪雲ができる。この雪雲が日本海側の山地をこえるときに大量の雪を降らせ，太平洋側には乾いた風が吹く。

2 (1) ア　内閣総理大臣と国務大臣で開かれる会議を閣議という。閣議は，全員一致を原則とし，国の政治の進め方(行政)について話し合う。

(2) 9　日本国憲法第９条では，戦争の放棄・戦力の不保持・交戦権の否認を規定している。

(3) 1945 年８月６日の午前８時 15 分に，広島に原子爆弾が投下され，多くの犠牲者が出た。広島では，核兵器廃絶を目指した取り組みのほか，被爆体験を風化させないための伝承など，さまざまな取り組みが行われている。

(4) 唐の都長安には，シルクロードを経由して，西アジアやインドの文化がもたらされていた。唐に渡った遣唐使は，それらを長い留学期間で学んで日本に持ち帰った。中には阿倍仲麻呂のように，唐に渡ったまま帰国できない遣唐使も存在した。

(6) 平清盛　平清盛は，娘の徳子を高倉天皇に嫁がせ，生まれた子を安徳天皇として，政治の実権をにぎった。

(7) ⑤＝エ　⑥＝ア　⑤16 世紀ごろのスペインやポルトガルとの貿易を南蛮貿易という。中国産の生糸や絹織物以外に，鉄砲・火薬・ガラス製品などを日本にもたらし，大量の銀を持ち出した。日本国内では，鉄砲が普及したことで，足軽による鉄砲隊が活躍するようになり，城も山城から平山城や平城に変化していった。　⑥アメリカが南北戦争の影響で立ち遅れたことから，開国後の貿易相手国は，イギリスが中心であった。大量生産された安価な綿織物や綿糸が輸入されると，国内の生産地は大打撃を受けた。また，日本からは生糸が輸出されたが，生産が追い付かず，国内では品不足となり，他の生活用品まで値上がりした。

(8) ＣとＤの間　日本人が外国に行くことを禁止したのは 1635 年のことであり，絵踏を強化したのは 1637 年の島原・天草一揆のあとである。いずれも 17 世紀のできごとである。

《2024　算数　解説》

1 (1)　与式＝12－6＝**6**

(2)　**【解き方】5÷13＝0.384615384615…より，小数点以下の部分を見てみると，384615という6つの数字がこの順でくり返されていくことがわかる。**

小数第2024位の数は，2024÷6＝337余り2より，384615を337回くり返した後の2番目の数なので，**8**である。

(3)　**【解き方】右図より，求める面積は半径3cm，中心角60°のおうぎ形の面積に等しい。**

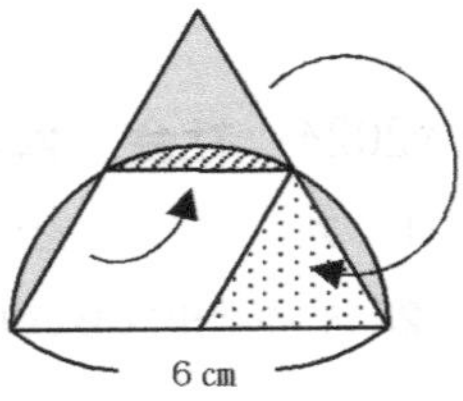

$3\times3\times3.14\times\frac{60^\circ}{360^\circ}$＝**4.71**(㎠)である。

(4)　**【解き方】大人が2人以上いる場合の大人1人あたりの料金と，子どもが5人以上いる場合の子ども1人あたりの料金を求め，その最小公倍数を求める。**

大人が2人以上いる場合の大人1人あたりの料金は，3割＝0.3より，900×(1－0.3)＝630(円)，子どもが5人以上いる場合の子ども1人あたりの料金は，10％＝0.1より，600×(1－0.1)＝540(円)である。

2つの数の最小公倍数を求めるときは，右の筆算のように割り切れる数で次々に割っていき，割った数と割られた結果残った数をすべてかけあわせればよい。よって，630と540の最小公倍数は，2×3×3×5×7×6＝3780なので，大人の入場料金と子どもの入場料金の合計が等しくなる最小の金額は**3780**円である。このとき，大人の人数は3780÷630＝6(人)，子どもの人数は3780÷540＝7(人)なので，大人2人以上，子ども5人以上という条件に合う。

2) 630　540
3) 315　270
3) 105　90
5) 35　30
　　7　6

(5)　**【解き方】(合計点)＝(平均点)×(人数)で求める。**

A組の人数は30人，平均点が54点なので，A組全員の合計点は54×30＝1620(点)である。B組の人数は24人，平均点が63点なので，B組全員の合計点は63×24＝1512(点)である。したがって，A組とB組全員の合計点は1620＋1512＝3132(点)であり，合計人数は30＋24＝54(人)なので，平均点は3132÷54＝**58**(点)である。

2 (1)　求める枚数は，1から13まで連続する整数の和だから，1＋2＋3＋4＋5＋6＋7＋8＋9＋10＋11＋12＋13＝**91**(枚)である。

(2)　**【解き方】各段の左から2番目の数に注目して規則性を見つける。**

図3より，2段目以降における各段の左から2番目の数は，3，6，9，12…と3の倍数が小さい方から並んでいるので，113段目の左から2番目のタイルの数は，3×(113－1)＝**336**である。

(3)　**【解き方】各段の数の合計の規則性を見つける。**

図4より，各段の数の合計は，1段目から，9，18＝9×2，36＝9×2×2，72＝9×2×2×2…，のように，前の段を2倍した数である。この規則性から各段の数の合計を求めていくと，右表のようになる。

段	1	2	3	4	5	6	7	8	9	10	11
数の合計	9	18	36	72	144	288	576	1152	2304	4608	9216

よって，6113より初めて大きくなるのは**11**段目である。

《2024　理科　解説》

1 (1)　表1より，インゲンマメの種子は，水をあたえたとき発芽し，水をあたえなかったとき発芽しなかったことがわかるから，インゲンマメの種子の発芽には水が必要であると考えられる。表2より，インゲンマメの種子を，ある室温で育てたときは発芽し，低い室温で育てたときは発芽しなかったことがわかるから，インゲンマメの種子の発芽には適切な温度が必要であると考えられる。なお，インゲンマメの種子の発芽には，水と適切な温度以外に空気も必要である。

⑵　２つ以上の条件を変えてしまうと，結果の原因がどの条件によるものかわからない。

⑹　北の空の星座は，北極星を中心に約１日(24時間)かけて反時計回りに一周するから，１時間では約 360÷24＝15(度)反時計回りに移動する。したがって，午後８時の３時間後の午後 11 時には約 15×３＝45(度)反時計回りに移動する。

⑺　⑹解説より，90 度移動するのにかかる時間は，90÷15＝６(時間)だから，カシオペヤ座がＢの場所に見えるのは，Ａの場所に見えたとき(午後11時)の６時間後の，午前５時である。

2 ⑴　刃《は》と紙がふれ合う部分は，力点で加えられた力がはたらく部分なので作用点である。また，力を加える(持ち手の)部分が力点，はさみを固定している部分が支点である。

⑵　表４のあつ紙二重の結果がもっともわかりやすい。支点に近いＣで軽い力で切れ，支点から遠いＡでは強い力で切れたことから，より小さな力であつ紙を切るためには，支点に近いＣを使うとよいとわかる。

⑶　表５の１回目～４回目の結果より，〔小さい輪(内側のじく)の半径×おもりの数〕の値と，〔大きい輪(外側の輪)の半径×おもりの数〕の値が等しいとき，輪じくが動かずにつり合うとわかる。したがって，６回目では，大きい輪につるすおもりの数が２×４÷３＝2.6…(個)となればつり合うが，おもりの個数は整数でなければならないため，輪じくをつり合わせることはできない。同様に，８回目では２×５÷３＝3.3…(個)となり，つり合わせることはできない。

2023 解答例 令和５年度　滋賀大学教育学部附属中学校

《国　語》

問一．①場合　②消　③定着　④構成　⑤位置　⑥調和　⑦織　⑧具体　⑨過程　⑩持続　問二．２
問三．はじめ…自らの　終わり…しない　問四．３　問五．先住の生物に影響がおよぶほど増えた
問六．侵略的外来種　問七．２　問八．⑴ク．減少　ケ．生態系　⑵守りながら、オオクチバスの数を減少させることができる

《社　会》

1　⑴ウ　⑵リサイクル　⑶日本は小麦のほとんどを輸入にたよっており，その中でも割合が高いアメリカやカナダで小麦が不作で，輸入量が減るから。〔別解〕アメリカやカナダの小麦の値段が上がるから。　⑷暖流と寒流がぶつかるところ（下線部は黒潮／親潮でもよい）　⑸右図
⑹右図

2　⑴天皇が中心となって全国を支配する国　⑵身分
⑶④武家諸法度　⑤徳川家光　⑷イ　⑸基本的人権の尊重
⑹三権分立　⑺裁判に国民の感覚を取り入れ，国民の裁判への理解を深めるため。

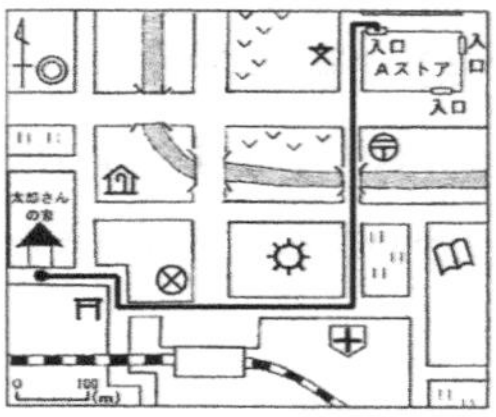

1⑸の図

1⑹の図

《算　数》

1　⑴15　⑵B店　説明…手袋の値段を100円とすると，A店では，普段の売値は，定価の20%引きなので，$100\times(1-\frac{20}{100})=80$円となり，今回はこの売値から10%引きなので，$80\times(1-\frac{10}{100})=72$円となる。対して，B店では，定価の30%引きなので，$100\times(1-\frac{30}{100})=70$円である。よって，72＞70より，B店で買う方が安く買える。　⑶314　⑷右図　⑸63

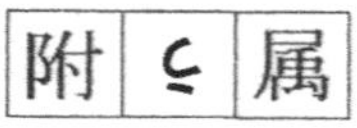

2　⑴①６　②19.5　⑵1.4

《理　科》

1　⑴ふさふさとした毛がついているため，風に乗りやすく，運ばれやすくなるということ。　⑵イ　⑶ア
⑷イ　⑸関節　⑹ウ

2　⑴イ　⑵水の量を減らす　⑶③ふたがふき飛ぶ　④フラスコの中で空気や水が熱せられ，体積が大きくなる
⑷弱火にしたときの実験も行い，強火のときと比較する。また，記録する時間を１～２分ほどにし，細かく記録する。

お詫びと訂正

『滋賀大学教育学部附属中学校 入学試験問題集 2025年春受験用』　解答集(5)ページ

2023(令和5)年度　社会の解答　に誤りがございました。

正しくは下記のとおりです。ご迷惑をおかけしましたことを深くお詫び申し上げます。

株式会社 教英出版

解答集(5)ページ　《社　会》 1 (5)(地図に道すじを示す問題)

【誤】…図書館の前を通っていない。

【正】…図書館の前を通る(右図)。

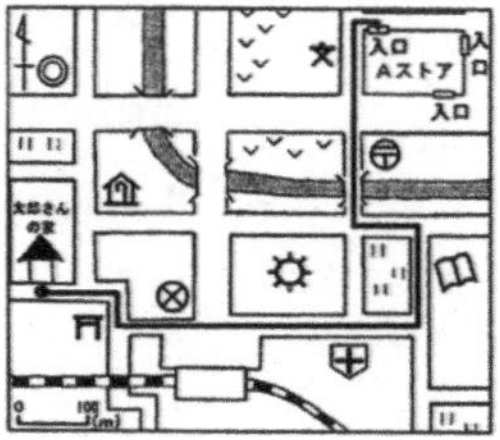

2023 解答例 令和5年度　滋賀大学教育学部附属中学校

《国　語》

問一．①場合　②消　③定着　④構成　⑤位置　⑥調和　⑦織　⑧具体　⑨過程　⑩持続　問二．2
問三．はじめ…自らの　終わり…しない　問四．3　問五．先住の生物に影響がおよぶほど増えた
問六．侵略的外来種　問七．2　問八．(1)ク．減少　ケ．生態系　(2)守りながら、オオクチバスの数を減少させることができる

《社　会》

1　(1)ウ　(2)リサイクル　(3)日本は小麦のほとんどを輸入にたよっており，その中でも割合が高いアメリカやカナダで小麦が不作で，輸入量が減るから。〔別解〕アメリカやカナダの小麦の値段が上がるから。　(4)暖流と寒流がぶつかるところ（下線部は黒潮／親潮でもよい）　(5)右図
(6)右図

2　(1)天皇が中心となって全国を支配する国　(2)身分
(3)④武家諸法度　⑤徳川家光　(4)イ　(5)基本的人権の尊重
(6)三権分立　(7)裁判に国民の感覚を取り入れ，国民の裁判への理解を深めるため。

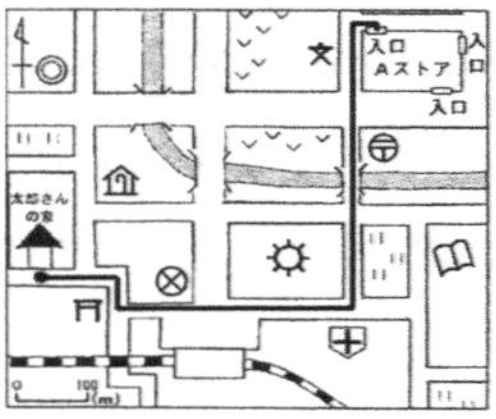

1(5)の図

1(6)の図

《算　数》

1　(1)15　(2)B店　説明…手袋の値段を100円とすると，A店では，普段の売値は，定価の20%引きなので，$100\times(1-\frac{20}{100})=80$円となり，今回はこの売値から10%引きなので，$80\times(1-\frac{10}{100})=72$円となる。対して，B店では，定価の30%引きなので，$100\times(1-\frac{30}{100})=70$円である。よって，$72>70$より，B店で買う方が安く買える。　(3)314　(4)右図　(5)63

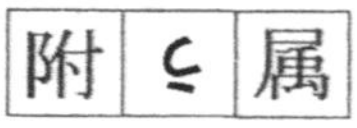

2　(1)①6　②19.5　(2)1.4

《理　科》

1　(1)ふさふさとした毛がついているため，風に乗りやすく，運ばれやすくなるということ。　(2)イ　(3)ア
(4)イ　(5)関節　(6)ウ

2　(1)イ　(2)水の量を減らす　(3)③ふたがふき飛ぶ　④フラスコの中で空気や水が熱せられ，体積が大きくなる
(4)弱火にしたときの実験も行い，強火のときと比較する。また，記録する時間を1～2分ほどにし，細かく記録する。

2023 解説 令和5年度 滋賀大学教育学部附属中学校

《2023 国語 解説》

著作権上の都合により文章を掲載《けいさい》しておりませんので、解説も掲載しておりません。ご不便をおかけし、誠に申し訳ございません。

《2023 社会 解説》

1 (1) 写真1は一般的に車いすマークと呼ばれている，国際シンボルマークである。車いすに乗った人がデザインされているが，車いすや足の不自由な方だけでなく，障がい者のある人全般が利用できる施設《しせつ》や建物、場所を示すマークである。

(2) 3Rは，リデュース(ゴミを発生させないこと)，リユース(そのままの形体でくり返し使用すること)，リサイクル(資源として再び利用すること)である。リフューズ(ごみになるものを断ること)を加えて4R，リペア(修理して使用すること)を加えて5Rとすることもある。

(3) 資料1より，日本は小麦を輸入にたよっていること，資料2より，アメリカ・カナダからの小麦の輸入が多いこと，資料3より，アメリカ・カナダで小麦の生産量が減少したことを読み取ろう。国内に入ってくる小麦の量が減ると，需要量が供給量を上回り，値段が上がる。

(4) 寒流と暖流がぶつかるところを潮目(潮境)という。

(5) 神社は(⛩)，警察署は(⊗)，工場は(☼)，図書館は(🕮)，郵便局は(〶)，小学校は(文)である。

(6) 資料4のグラフより，広島県・兵庫県・大阪府・徳島県・高知県である。淡路島は兵庫県に含まれるので，忘れずにぬろう。

2 (1) ノートの背景に「豪族が強い力を持ち，豪族どうしが争う」とあり，きまりの内容に「天皇の命令を守りなさい」「すべての土地と人民を天皇が治める」とあることから判断する。

(2) 武家諸法度には，無許可で城を修理したり，大名家どうしが無断で結婚したりすることを禁止するなど，大名が守るべききまりが定められている。1615年，徳川家康の命令で徳川秀忠のときに武家諸法度(元和令)が定められ，1635年，徳川家光によって，参勤交代の制度が追加された寛永令が出された。

(3) 江戸時代の幕藩体制は，人口の大半を占《し》める百姓が納める年貢などによって成り立っていた。そのため，百姓や町人による一揆を防ぎながら農業などに専念させるため，江戸時代では厳しく身分が統制されていた。

(4) 「ご恩と奉公の関係」より，鎌倉時代と判断する。鎌倉時代，将軍はご恩として御家人らの以前からの領地を保護したり，新たな領地を与えたりした。御家人は，奉公として京都や幕府の警備についたり，命をかけて戦ったりした。土地を仲立ちとしたこのような主従関係を封建制度という。

(5) 日本国憲法の3つの原則は国民主権・平和主義・基本的人権の尊重である。資料2では，自由権，社会権，参政権について書かれている。

(6) 三権分立の考えはフランスのモンテスキューが専制政治を防ぐために著書の『法の精神』で説いた。

(7) 裁判員は18歳以上の国民(2023年2月現在)の中からくじで選ばれ，被告人が有罪か無罪か，有罪であればどのような量刑が適当かを裁判官とともに判断する。

《2023　算数　解説》

1 (1)　与式＝24－３×３＝24－９＝**15**

(2)　手袋の値段を計算しやすい値段に設定し，実際に計算してどちらが安く買えるかを調べればよい。

(3)　**【解き方】切り開いて広げた図形は，右図のような平行四辺形になるが，切り開いて広げた図形を考えなくても円柱の側面積を求めればよい。円柱の側面積は，(底面の円周)×(高さ)で求められる。**

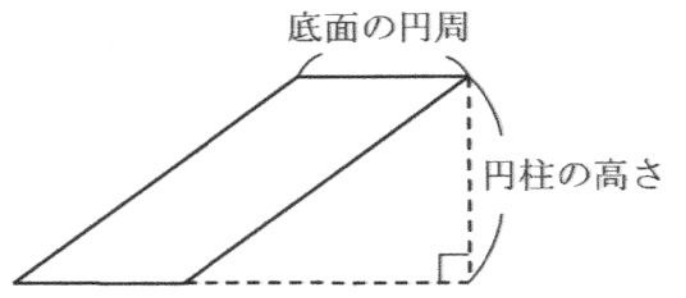

底面の円周は５×２×3.14＝10×3.14(㎠)，高さは 10 ㎝だから，

求める面積は，10×3.14×10＝**314**(㎠)

(4)　**【解き方】図３の「あ」の面の裏が「え」だから，２回右へ転がすと，上の面が「え」になり，「お」は最初から 180°回転した向き，つまり頭を上側に向けた向きになる。**

上の面のひらがなをマスに書きこんでいくと，右図のようになる。

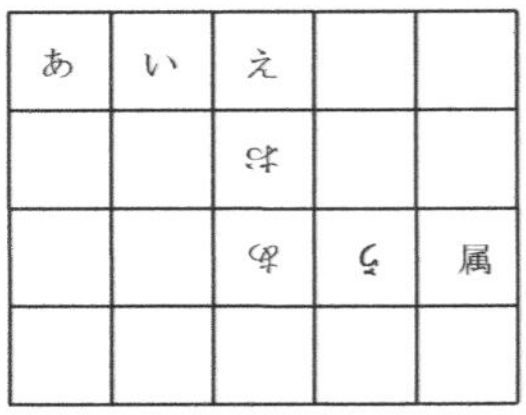

(5)　**【解き方】リーグ戦の試合数は，各グループにおいて，４か国から２つの国の組み合わせが何組できるかを考える。トーナメント戦の試合数は，すべて勝つのは優勝する１か国のみであり，１試合で１つの国が負けるから，(試合数)＝(国の数)－１で計算できる。**

１つのグループに４か国あり，４か国をA，B，C，Dとすると，組み合わせは(A，B)(A，C)(A，D)(B，C)(B，D)(C，D)の６組できる。グループは８つあるから，リーグ戦の試合数の合計は，６×８＝48(試合)である。各リーグのうち２か国がトーナメント戦に進むから，トーナメント戦に進むのは２×８＝16(か国)である。よって，トーナメント戦の試合数は 16－１＝15(試合)である。

よって，求める試合数は，48＋15＝**63**(試合)

2 (1)①　点ＰはＤから１×３＝３(㎝)，点ＱはＢから３×３＝９(㎝)動くから，ＰＤ＝３㎝，ＡＱ＝９－５＝４(㎝)となり，右図のようになる。

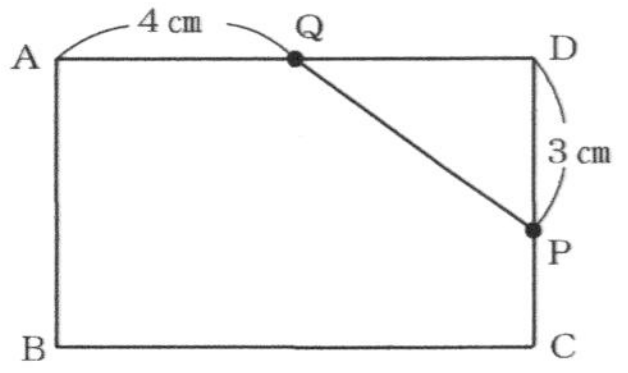

ＤＱ＝８－４＝４(㎝)だから，三角形ＰＱＤの面積は，

４×３÷２＝**６**(㎠)

②　**【解き方】点Ｐと点Ｑの間の道のりは，毎秒(３－１)㎝＝毎秒２㎝小さくなる。**

最初に点Ｐと点Ｑの間の道のりは５＋８＝13(㎝)離《はな》れていて，点Ｑが点Ｐを追いかけると考える。

最初に点Ｑが点Ｐに追いつくのは，出発してから 13÷２＝6.5(秒後)である。その後，点Ｑと点Ｐの進んだ道のりの差が長方形１周分，つまり(５＋８)×２＝26(㎝)になったとき，２つの点が２回目に重なる。最初に重なってから 26÷２＝13(秒後)に２回目に重なるから，求める時間は，6.5＋13＝**19.5**(秒後)

(2)　**【解き方】右図のように，Ｑから辺ＢＣに垂直に交わる直線を引き，辺ＢＣと交わる点をＥとする。ＱＰ＝ＱＲとなるとき，三角形ＡＰＱと三角形ＥＲＱは合同になる。つまり，ＡＰ＝ＥＲとなる。**

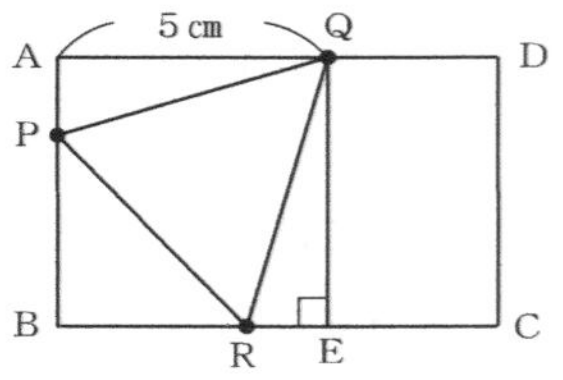

ＡＱ＝５㎝であることから，点Ｑは５＋５＝10(㎝)進んだとわかる。したがって，図５の状態になるのは，３点が出発してから $10 \div 3 = \frac{10}{3}$(秒後)である。これより，点Ｐは $1 \times \frac{10}{3} = \frac{10}{3}$(㎝)進んだことになるから，ＡＰ＝$5 - \frac{10}{3} = \frac{5}{3}$(㎝)とわかる。

ＣＥ＝ＤＱ＝８－５＝３(㎝)で，ＥＲ＝ＡＰ＝$\frac{5}{3}$㎝だから，点Ｒは$\frac{10}{3}$秒間で $3 + \frac{5}{3} = \frac{14}{3}$(㎝)進んだことになる。

よって，求める速さは，毎秒$(\frac{14}{3} \div \frac{10}{3})$㎝＝毎秒$\frac{14}{10}$㎝＝毎秒 **1.4** ㎝

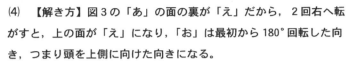

《2023　理科　解説》

1 ⑴　タンポポの実もススキと同じようなつくりをもっている。

⑵　ススキの花は昼の長さが短くなっていく９月ごろに開花する。よって，日照時間が短くなり，連続した暗い時間が長くなると開花すると考えられる。

⑶　アの方向から写真をとったときにボールが満月のように見えたので，アの方向から光を当てたことがわかる。

⑷　アの方向から写真をとったときに，図３のようにボールの左側が半分以上光って見えたので，イの方向から光を当てたことがわかる。

⑹　１の筋肉がちぢむと，２の筋肉がゆるんであしがのび，２の筋肉がちぢむと，１の筋肉がゆるんであしが曲がる。

2 ⑴　湯気は小さな水てきのつぶが目に見えているもので，水が液体の状態である。気体の状態(水蒸気)は目に見えない。

⑵　水を加熱したときの温度変化は水の量に反比例する。

⑶　水が気体の水蒸気になると体積が約 1700 倍になるので，ゴムせんなどでふたをすると，ふたがふき飛んで危険である。

⑷　火力のちがいによる水の温度の上がり方について調べたいときは，火力を強火にしたときの他に，火力を弱火にして実験を行う必要がある。

2022 解答例 令和４年度　滋賀大学教育学部附属中学校

《国　語》

問一．①有　②重要　③自家　④事情　⑤母体　⑥組織　⑦開設　⑧際　⑨墓　⑩求　　問二．灰
問三．３　　問四．何度も湯をかけなくてもよいという点。　　問五．材料や灰　　問六．４　　問七．⑴店などで買うもの。　⑵朽木の人々が親戚の集まりでトチ餅をふるまうこと。／朽木出身者は、トチ餅を持ち帰って食べるということ。　　問八．世代別の人口を毎年調べたことを示すグラフ。

《社　会》

1　⑴岡山県→山口県　　⑵↘　　⑶エ　　⑷ハザードマップ　　⑸ふりがなやひらがなのある日本語でわかりやすい。／絵で表されていて見てわかりやすい。　　⑹間伐することで木が元気に育って根を張り，地面まで日光が届いて下草が生えるので，森林が土砂の流出を防ぐようになるから。

2　⑴①18　②国民主権　　⑵特徴…(若い世代の)投票率が低いこと。　課題…若い世代の意見が国の政治で取りあげられにくくなること。　　⑶Ａ．江戸　Ｂ．平安　　⑷ア　　⑸江戸時代までは(天皇や貴族，武士など)一部の人が政治の権力を持っていたが，現在では国民が政治の権力を持っている。

《算　数》

1　⑴15　　⑵兄…720　弟…480　　⑶３　　⑷$\frac{1}{3}$　　⑸50．24　　⑹９，20

2　⑴６　　⑵７点…８　９点…１　　⑶10

《理　科》

1　⑴ア．精子　イ．卵　ウ．へそのお　　⑵図１で，メダカのおなかがふくらんでいることから，えさを自分でとるまで，おなかにたくわえられた栄養を得ていたと考えられる。　　⑶地層　　⑷イ　　⑸川の水が増えたことにより，しん食や運ぱんのはたらきが大きくなったため。

2　⑴１　　⑵ものを燃やすときには酸素が必要であるが，火が新しい空気とふれられなくなり，酸素が得られなくなったから。　　⑶ウ　　⑷出てきたもの…ミョウバン　理由…ミョウバンは，水の温度変化によってとける量が大きく変わるから。　　⑸ろ過したい液が，ろうとの外にこぼれてしまわないようにするため。

滋賀大学教育学部附属中学校

《2022　国語　解説》

問二　直前の「ガスを使用する世帯が増加」したことが、［ア］の用意が難《むずか》しくなった原因だと考えられる。また、10 行後に「加工のための灰《はい》も～必要」とあることから、トチノミのアク抜《ぬ》きに用いるのは「灰」だと考えられる。

問四　【資料二】のトチ餅《もち》のアク抜きの方法に関するメモを参照。「カケバイ」は、トチノミに湯をかけ、湯を捨《す》てる作業を三～四回繰《く》り返す必要があるが、「ニバイ」は、湯をかける作業が一回で済む。

問五　――線エは、直前の「トチノミやモチ米といった材料や、加工のための灰」を指しているので、これを五字でまとめる。

問七　⑴　１～２行前の「トチ餅は自分の家でつくるものから、朝市や道の駅で買ったり～つくり手に注文したりするものになったという」の下線部からまとめる。

⑵　筆者の調査によると、朽《くつ》木の在住者、もしくは配偶《ぐう》者が朽木出身の人は「これから集まる親戚《せき》にふるまう目的や、墓参りのついでに」トチ餅を購《こう》入していた。また、「トチ餅をたくさん購入して冷凍《とう》し、少しずつ楽しむ」という人もいた。つまり、今の朽木の人びとは、親戚にふるまったり、持ち帰って食べたりするために購入していたのである。それと同じように「かつて朽木に暮らす人々」も、トチ餅を「集まる親戚にふるまっただろうし～おみやげとして持ち帰ったことだろう」と筆者は想像している。

問八　太郎さんは「朽木では過疎《そ》化・高齢《れい》化によって、トチ餅づくりの後継《けい》者が不足している問題を示すため」にグラフを準備した。【資料四】のグラフは「朽木の人口と世帯数の移り変わり」を表しているので、「過疎化」が進んでいることがわかるグラフである。よって、もう一つは「高齢化」が進んでいることがわかるグラフを用意すればよい。

《2022　社会　解説》

［1］　⑴　大阪府→兵庫県→岡山県→広島県→山口県→福岡県→佐賀県→福岡県→熊本県→鹿児島県の順に通過する。

⑵　季節風(モンスーン)は，日本では夏に南東，冬に北西から吹く。夏には太平洋側に大量の雨を降らせ，冬には日本海側に大量の雪を降らせる。

⑶　エが正しい。工場(⚙)から避難する場合，標高 10mの警察署(⊗)よりも標高 30mの図書館(🕮)へ移動する。
ア．最も高台にあるのは「神社(⛩)」ではなく「寺院(卍)」である。　イ．消防署(Y)は博物館(🏛)よりも低い位置にある。　ウ．津波は海域で大地震が発生して起きるから，岬と岬に囲まれた湾内は，まわりよりも津波が高くなりやすい。

⑷　ハザードマップ(防災マップ)には，地震や津波，洪水，火山噴火，土砂災害などの自然災害について，災害が起きたときに被害が発生しやすい地域や緊急避難経路，避難場所などが示される。

⑸　英語・中国語・韓国語でも表記していること，「津波《つなみ》」や「ひなん」など読みやすくしていること，ピクトグラムを使っていることから，日本語のわからない人でも情報を得られる工夫が読み取れる。

⑹　間伐によって，木を間引いてゆとりをつけ，太い木が育つようにしている。風で倒れやすい細い木が増えると，大雨の際に土砂災害が発生する恐れがある。森林のもつはたらきが人工のダムに似ていることから，森林は緑のダムと呼ばれており，「森は海の恋人」をキャッチフレーズに，全国で漁師による植樹が行われている。

2 (1)① 普通選挙の原則により，選挙権は満 18 歳以上の国民すべてに与えられる。 ② 日本国憲法の三大原則は，「国民主権」「平和主義」「基本的人権の尊重」である。主権者である国民が代表者を選挙で選び，その代表者がさまざまな物事を話し合って決めるやり方を議会制民主主義(間接民主制)と言う。

(2) 10 歳代や 20 歳代の投票率が 40%以下なのに対し，60 歳代や 70 歳代の投票率が 60%以上であることがわかる。投票率の高い高齢者世代の意見が政治に反映されやすいのは，国会議員や地方公共団体の議員が，次回の選挙でまた自分に投票してもらえるように，投票率の高い世代向けの政策を実施する傾向があるためである。このような不平等な状態を解決して若い世代の意見を積極的に吸い上げるため，選挙権年齢の引き下げ(20 歳以上→18 歳以上)が実施された。

(3)A 「キリスト教を禁止」「キリストの像を踏む絵踏み」から，江戸時代の鎖国政策と判断する。キリシタンによる島原・天草一揆が幕府によって鎮圧された後，踏絵(キリスト像やマリア像)を踏ませる絵踏みを行い，隠れキリシタンを見つけ出していた。 B 「紫式部」「源氏物語」から平安時代と判断する。国風文化の中でかな文字が発明され，紫式部の『源氏物語』や清少納言の『枕草子』などが書かれた。

(4) アを選ぶ。鎌倉幕府は初代将軍の源頼朝によって開かれ，江戸幕府は初代将軍の徳川家康によって開かれた。大名は，江戸時代に将軍に従い，１万石以上の領地を与えられた藩主である。遣唐使は，飛鳥時代・奈良時代・平安時代に唐の進んだ制度や文化を学ぶために派遣された使節である。執権は鎌倉幕府で将軍を補佐した役職であり，北条氏が就いた。

(5) 飛鳥時代は天皇，平安時代は有力な貴族，鎌倉時代と江戸時代は武士が政治の権力を持っていたことがわかる。一方，現行の日本国憲法は国民主権を基本原則としており((1)②の解説参照)，国や国民の象徴である天皇は，憲法に定められている国事行為を行う。

《2022 算数 解説》

1 (1) 与式＝12＋６÷２＝12＋３＝15

(2) 兄の金額《きんがく》は，1200×$\frac{3}{3+2}$＝720(円)，弟の金額は，1200－720＝480(円)

(3) **【解き方】32 をある整数でわったあまりが４になるとき，32－４＝28 はある整数でわり切れる。よって，ある整数は 28 の約数のうち，４より大きい数(わる数はあまりの数より大きいから)である。**

28 の約数は１と 28，２と 14，４と７だから，ある整数は 28，14，７の３個ある。

(4) **【解き方】平行線の錯角《さっかく》，同位角が等しいことから，同じ大きさの角に同じ記号をかきこむと，図ｉのようになる。これより，㋐と㋑，㋒と㋓の三角形はそれぞれ合同だとわかる。**

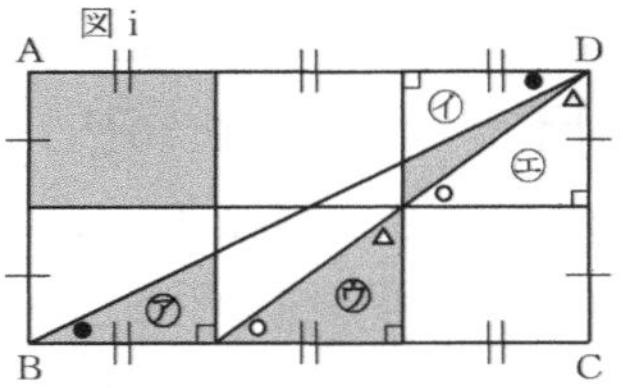

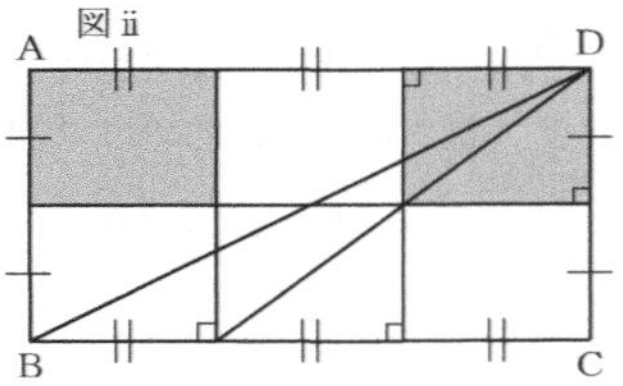

影のついた部分は，面積を変えずに図ⅱのように移動できる。図ⅱの影のついた小さな長方形２つは，長方形ＡＢＣＤを６等分した長方形２つ分なので，影のついた部分の面積の合計は，長方形ＡＢＣＤの面積の$\frac{1}{6}$×２＝$\frac{1}{3}$(倍)である。

(5) あふれ出た水の量は水面下にある立体の体積，つまり半径が４÷２＝２(㎝)，高さが４㎝の円柱の体積に等しいから，２×２×3.14×４＝50.24(㎤)

(6) 弟は，出発してから８分で 50×８＝400(m)進み，４分間休憩《きゅうけい》するので，反対方向に向きを変えて進み始めるのは，出発してから８＋４＝12(分後)である。このとき，兄は 80×12＝960(m)進むので，出発地点から考えて，

弟より 960−400＝560(m)進んだ位置にいる。ここから，２人が出会うまでに２人が進む距離《きょり》の合計は，

1.6 km−560m＝1600m−560m＝1040mであり，２人の速さの合計は分速(80＋50)m＝分速 130mだから，

求める時刻は，午前９時＋12 分＋(1040÷130)分＝午前９時 20 分

2 (1) 36÷２＝18 より，中央値は，点数を大きさ順で並べたときの 18 番目と 19 番目の点数の平均である。

５点以下の人が２＋１＋３＋５＋６＝17(人)，６点以下の人が 17＋６＝23(人)いるので，小さい順で 18 番目と 19 番目の点数は６点であり，中央値は６点となる。

(2) **【解き方】(合計点)＝(平均点)×(人数)であることを利用し，つるかめ算を用いて求める。**

６年１組 36 人のテストの合計点は，5.5×36＝198(点)である。

７点，９点をとった人を除く２＋１＋３＋５＋６＋６＋３＋１＝27(人)の合計点は，

１×２＋２×１＋３×３＋４×５＋５×６＋６×６＋８×３＋10×１＝133(点)

よって，７点，９点をとった 36−27＝９(人)の合計点は 198−133＝65(点)

９人全員が９点だった場合，合計点は９×９＝81(点)となり，実際より 81−65＝16(点)高い。１人が９点から７点に変わると，合計点は９−７＝２(点)低くなるから，７点の人数は 16÷２＝８(人)，９点の人数は９−８＝１(人)

(3) **【解き方】右のような図でまとめる。例えば，国語が好きな人はア，エ，カ，キの合計，国語と算数が好きな人はエとキの合計で表せる。アンケートの結果から，イの値を求める。**

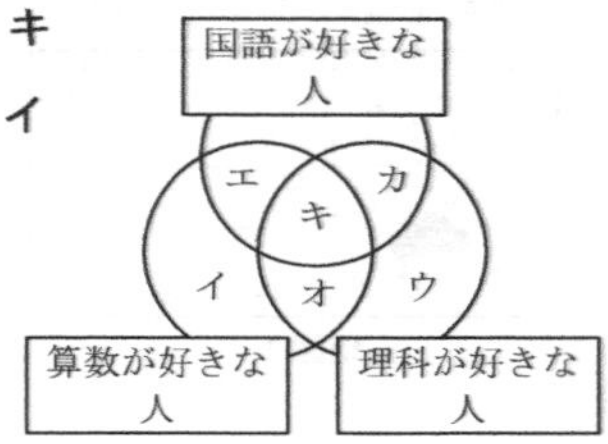

アンケートの結果から，以下のことがわかる。

ア＋エ＋カ＋キ＝15…①　　ウ＋オ＋カ＋キ＝16…②　　オ＝４…③

エ＝２…④　　カ＝２…⑤　　キ＝３…⑥

また，36 人全員がアンケートに(必ずどれかを好きと)答えているので，ア＋イ＋ウ＋エ＋オ＋カ＋キ＝36…⑦

①と⑦より，イ＋オ＋ウ＝36−15＝21…⑧　　②，③，⑤，⑥より，ウ＝16−４−２−３＝７…⑨

③，⑧，⑨より，イ＝21−４−７＝10 だから，算数だけが好きな人は，10 人である。

《2022　理科　解説》

1 (4) 川がカーブしているところでは，外側の方が内側よりも水の流れが速く，土砂をけずるはたらき(しん食作用)や運ぶはたらき(運ぱん作用)が大きくなる。そのため，外側の川底の方が深くなり，岸はけずられて崖《がけ》になりやすい。反対に水の流れがゆるやかな内側では，土砂が積もるはたらき(たい積作用)が大きくなり，小さな石などが積もって川原ができやすい。

2 (1) 金属では，熱せられたところから順に熱が伝わって温まるため，熱している部分から近い場所から順にろうがとけはじめる(１→２→３の順にとけはじめる)。このような熱の伝わり方を伝導という。

(3) 水はあたためられると軽くなって上に移動する。このとき，冷たい水は下に移動し，あたためられると上に移動するということがくり返されて，全体があたたまっていく。このような熱の伝わり方を対流という。

(4) ミョウバンは20℃の水50mLに６ｇしかとけないから，15−６＝９(ｇ)がとけきれずに出てくる。食塩は20℃の水50mLに15ｇ以上とけるから，20℃に冷やしても変化がない。よって，固体が出てきたビーカーＡにとかしたものはミョウバンである。

(5) ガラス棒の先を，ろ紙が重なって厚くなっている部分にあてながら注ぐことや，ろうとのあしの長い方をビーカーの壁《かべ》につけることなどにも注意しよう。

滋賀大学教育学部附属中学校

《国　語》

問一．①昔　②博　③名句　④得　⑤一体　⑥正面　⑦末　⑧常連　⑨願　⑩家訓

問二．４　　問三．３　　問四．神様　　問五．⑴供給者　⑵売り手よし…その土地では手に入れにくいものを売ることでよく売れるので、利益が上がること。　買い手よし…その土地では手に入りにくいものが手に入ること。
⑶①商品が、世間に良いものとして引き継がれていくこと。　②蚊を防ぐだけでなく、見た目にも涼しい蚊帳が、多くの長屋に住む人の間で好まれ、長く愛用されたという点。　　問六．客は

《社　会》

1　⑴①太平洋　②北東　③北アメリカ大陸　　⑵下地図１　下国旗　　⑶ア　　⑷下地図２　　⑸下地図３

2　⑴唐　　⑵お金　　⑶木簡　　⑷予算収入のおよそ３分の１です。　　⑸イ　　⑹(仕事について)働く義務／子どもに教育を受けさせる義務　　⑺教育を受ける権利が日本国憲法で保障されているから。

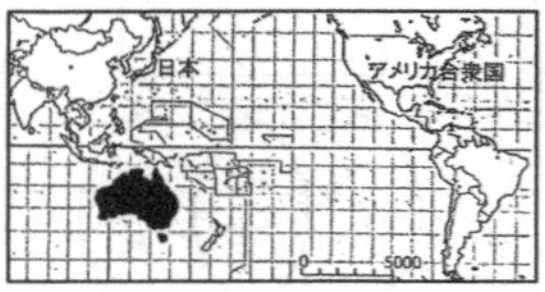

地図１

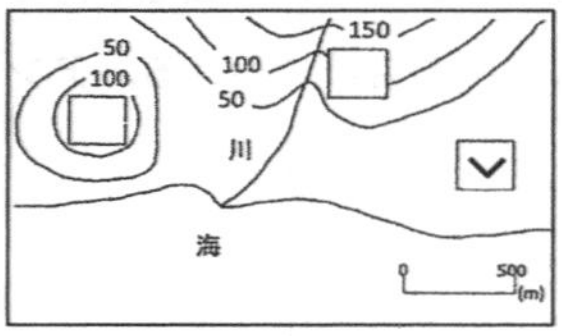

地図２

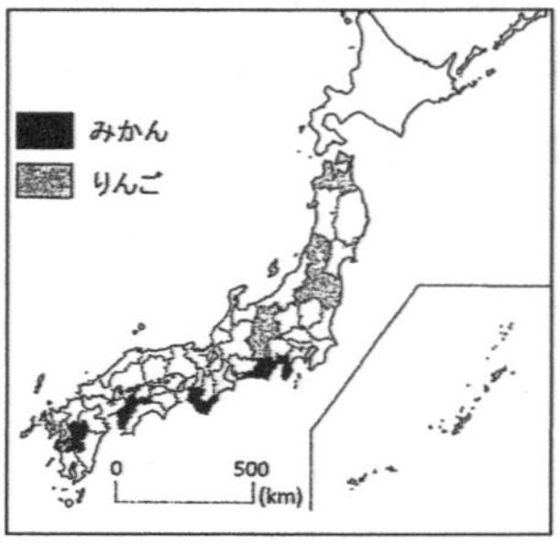

地図３

《算　数》

1　⑴６　　⑵４　　⑶店内で食べるとすると，昼食の値段は，
(もとの値段)×1.10×0.82＝(もとの値段)×0.902(円)となり，持ち帰りをすると，
(もとの値段)×1.08×0.85＝(もとの値段)×0.918(円)となる。
よって，0.902＜0.918 より，店内で食べる方が，値段は得である。
⑷ 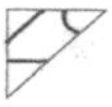　　⑸22.5 分，30 分

2　⑴５／上　　⑵341　　⑶21

《理　科》

1　⑴ア　　⑵①ウ　②おしべやめしべにふれないとみつが吸えないつくりになっているので，昆虫がみつを吸うときに受粉しやすくすること。　　⑶トノサマバッタにはさなぎの姿はないが，モンシロチョウはよう虫が成長するときさなぎになってから成虫になる。　　⑷ア，ウ，エ　　⑸ふくろをかぶせた花がめ花で，めしべの先に花粉がつかなかったから。／ふくろをかぶせた花はお花で，お花自体にはめしべがないから。　　⑹イ

2　⑴窒素／酸素／二酸化炭素　　⑵空気のはいっているピストンを水の中に入れ，おしこむ。　　⑶空気の場合は，水とちがい，ちぢんだ体積だけもとにもどる性質があり，もとにもどろうとする力が玉をおしだす力となるため。
⑷水と空気の量（下線部は体積でもよい）　　⑸イ

2021 解説 令和3年度

滋賀大学教育学部附属中学校

《2021　国語　解説》

著作権に関係する弊社《へいしゃ》の都合により本文を非掲載《ひけいさい》としておりますので、解説を省略させていただきます。ご不便をおかけし申し訳ございませんが、ご了承《りょうしょう》ください。

《2021　社会　解説》

1 (1)①　三大洋については右図参照。　②　方位を調べるには，地球儀に紙テープをあてて調べたり，中心からの距離と方位が正しい正距方位図法を読み取ったりする。緯線と経線が直角に交わった地図では，正しい方位は読み取れないことに注意。ちなみに，日本から真東に進むと，南アメリカ大陸のチリあたりに到達する。　③　大陸については右図参照。

(2)　オーストラリアの位置は，右図参照。国旗は，左上がアメリカ合衆国，右上がイギリス，左下がニュージーランド。

(3)　縦線を経線，横線を緯線と言う。日本は北緯20度～北緯46度，東経123度～東経154度の範囲にあるから，アを選ぶ。

(4)　じゃがいもは，広大な平地で生産が盛んだから，標高が０ｍ～50ｍの□に，畑の地図記号「∨」をかきいれる。

(5)　地図３のぬりつぶした県は，みかんが右から，静岡県，和歌山県，愛媛県，熊本県であり，りんごが上から青森県，山形県，福島県，長野県である。

2 (1)　日本は，唐の進んだ制度や文化を学ぶために遣唐使を送っており，701年に大宝律令が作られた。

(2)・(3)　「お金」が誤り。税は租(稲の収穫高の３％を地方の国府に納める)・調(絹，麻や地方の特産物などを都に納める)・庸(都での10日間の労役に代えて，都に布を納める)からなり，地方からもたらされる特産物を木簡に記録していた。

(4)　予算収入は102兆円，公債金は33兆円だから，公債金は予算収入のおよそ３分の１である。公債金は，予算の不足分をまかなうための借金である。

(5)　イが正しい。　ア．議員定数は，衆議院が465人，参議院議員が245人である(2022年の参院選では248人になる)。　ウ．衆議院の任期は４年，参議院の任期は６年(３年ごとに半数改選)である。　エ．選挙権年齢は，衆議院も参議院も満18歳以上である。

(6)・(7)　保護者は，子どもに教育を受けさせる義務をもつ。子どもは，教育を受ける権利をもつ(日本国憲法第26条)。

《2021　算数　解説》

1 (1)　与式＝24－６×３＝24－18＝６

(2)　最初にあったロープの長さの$\frac{3}{10}$倍が$\frac{6}{5}$ｍなのだから，求める長さは，$\frac{6}{5}\div\frac{3}{10}=\frac{6}{5}\times\frac{10}{3}=4$ (ｍ)である。

(3)　**【解き方】消費税が10％＝$\frac{10}{100}$＝0.10のとき，消費税を含《ふく》む値段は，もとの値段の１＋0.10＝1.10(倍)となる。ここから，18％＝0.18だけ割引されるので，店内で食べる昼食の値段は，もとの値段の1.10倍**

から，さらに１－0.18＝0.82(倍)となる。

同様にして，持ち帰りの値段は，もとの値段の１＋0.08＝1.08(倍)から，さらに１－0.15＝0.85(倍)となる。

よって，解答例のように説明できる。

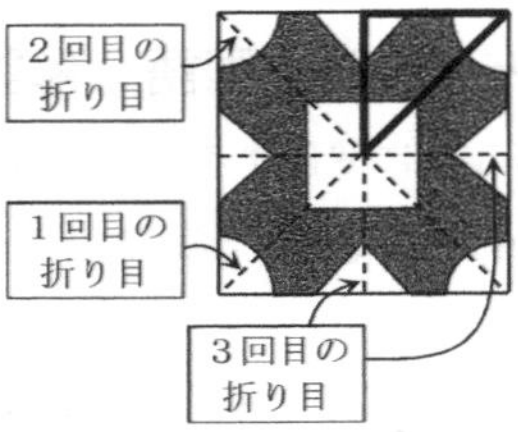

(4)　**【解き方】図３に折った３回の折り目をそれぞれかき込むと，右図のようになる。**

３回折ったものは右図の太線部分に集まるから，切り取り線は，解答例のようになる。

(5)　**【解き方】45 と 18 の最小公倍数は 90 なので，ネズミとトラが次に同時にスタート地点にもどってくるのは，スタートから 90 分後である。**

スタートから 90 分後，ネズミは 90÷45＝２(周)，トラは 90÷18＝５(周)走るので，

ウシは 90 分で３周または４周走ってちょうどスタート地点にもどってくればよい。

３周の場合は１周 90÷３＝30(分)，４周の場合は１周 90÷４＝22.5(分)で走らなければならない。

2　(1)　５段目まで並べると，右図のようになるので，23 の番号のついた正三角形は，５段目で上向きである。

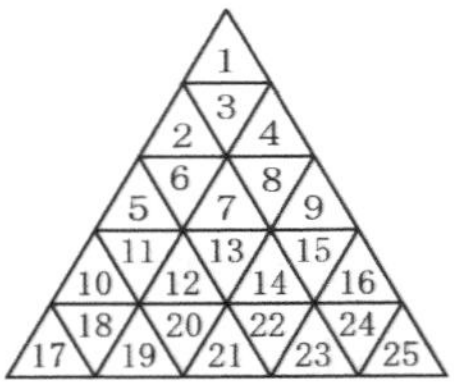

(2)　**【解き方】(1)の図より，一番右の正三角形の数字は，１段目が１，２段目が２×２＝４，３段目が３×３＝９，４段目が４×４＝16，５段目が５×５＝25 となるので，６段目は６×６＝36 である。よって，６段目になるすべての正三角形の番号は，25＋１＝26 から 36 までの整数なので，この和を求めればよい。**

26 から 36 までの整数は 36－26＋１＝11(個)ある。よって，26 から 36 までの連続する整数の和の２倍は，右の筆算より，62×11 となるから，求める和は，$\frac{62\times 11}{2}$＝341 である。

```
    26＋27＋28＋……＋36
＋) 36＋35＋34＋……＋26
    62＋62＋62＋……＋62
```

(3)　**【解き方】１段目から５段目について，上向きの正三角形すべての番号の和と，下向きの正三角形すべての番号の和を比べたときの差をまとめると，右表のようになるので，この表から，規則性を見つける。**

１段目	２段目	３段目	４段目	５段目
1	3	7	13	21

また，１からｎまでの連続する整数の和は，$\frac{(1+n)\times n}{2}$で求められることを利用する。

表より，差は，最初の１から，１段増えるごとに，３－１＝２，７－３＝４，13－７＝６，21－13＝８，…と増えていることがわかる。差が 421 のときは，１段目よりも差が 421－１＝420 増えているので，２から始まり２ずつ増える数の列を最初からすべて足していき，和が 420 になるところを探す。

つまり，２＋４＋６＋８＋…＝２×(１＋２＋３＋４＋…)が 420 となればよいので，１＋２＋３＋４＋…が 420÷２＝210 になればよい。$\frac{(1+n)\times n}{2}$のｎにきりのいい数をあてはめていき，210 に近い数になるところを探すと，ｎ＝20 のとき，$\frac{(1+n)\times n}{2}=\frac{(1+20)\times 20}{2}$＝210 となり，ちょうど条件に合う。

よって，求める段数は，最初の１段目から 20 段大きくなった，１＋20＝21(段目)である。

《2021　理科　解説》

1　(1)　ア〇…観察するものを見つけやすいように，最初は低倍率で観察し，必要に応じて倍率を高くしていく。したがって，最も低倍率の対物レンズを使う。〔顕微鏡の倍率(倍)＝接眼レンズの倍率(倍)×対物レンズの倍率(倍)〕より，このときの倍率は 10×４＝40(倍)となる。

(2)①　ウ〇…アはおしべの先端の花粉ができる部分でやくという。イ～エはめしべで，イはめしべの先端の花粉が

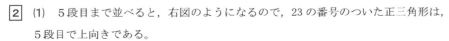

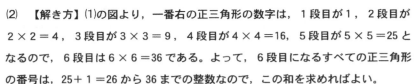

つく部分で柱頭，ウは受粉すると実になる部分で子ぼう，エは花柱という。

(3) トノサマバッタは，卵，よう虫，成虫の順に育つ。このような育ち方を不完全変態という。一方，モンシロチョウは，卵，よう虫，さなぎ，成虫の順に育つ。このような育ち方を完全変態という。

(4) イ×…モンシロチョウはさなぎ，トノサマバッタは卵で冬を越す。　オ×…モンシロチョウの食べ物は，幼虫がキャベツなどの葉，成虫が花のみつである。一方，トノサマバッタの食べ物は，幼虫も成虫もイネ科の植物などである。

(5) め花に花粉がつくことで実ができることを調べている。ふくろをかぶせたつぼみは，花が咲いてもめしべの先に花粉がつかないので，実ができない。また，ふくろをかぶせた花がお花であれば，そもそもめしべがないので実はできない。ヘチマは，おしべがないめ花とめしべがないお花の２種類の花を咲かせる。

(6) イ○…ヘチマはウリ科の植物である。同じウリ科のカボチャを選ぶ。

2 (2) 空気の入った注射器の先を水の中に入れてピストンをおしこむと，中から空気のあわが出てくることが確かめられる。

(3) 空気はおしちぢめられるが，水はおしても体積が変わらない。おしちぢめられた空気にはもとにもどろうとする力がはたらくため，空気の方が水よりも，ゴムの玉が飛びやすい。

(4) 水と空気による飛び方のちがいを調べているので，水と空気のちがい以外の条件を同じにする。

(5) イ○…空気は水よりも温度による体積の変化が大きい。試験管の中の空気が温められると体積が大きくなるので，シャボン液のまくはふくらみ，冷やされると体積が小さくなるので，シャボン液のまくは試験管の中に入る。

2020 解答例 令和２年度 滋賀大学教育学部附属中学校

《国　語》

問一．①最　②原因　③皮肉　④開通　⑤程度　⑥保全　⑦予算　⑧経過　⑨手間　⑩似

問二．歴史は　　問三．１　　問四．成長が早く、花付きも良い　　問五．ソメイヨシノの寿命は六〇～八〇年と言われている。そして、奥びわ湖のソメイヨシノの多くは樹齢三〇～四〇歳程度である。よって、あと二〇年もすれば寿命がつきるものが出てくるため。　　問六．他の品種の桜に植替えること。　　問七．(1)空気がきれいな
(2)２．空気がよごれている　３．陽当たりが悪く　(3)４．花が咲く時期　５．お花見が楽しめる期間が長くなる

《社　会》

1　(1) 　　(2)エ　　(3)ウ　　(4)国内で消費された食料の量うち，国内で生産された食料の量の割合。　　(5)エ
(6)持ち運びやすくどこでも聞くことができる。　　(7)個人情報をインターネット上に流さない。

2　(1)ウ，エ　　(2)天皇中心の新しい政治を進めようとしました。　　(3)学問のすゝめ〔別解〕学問のすすめ
(4)ウ→イ→ア　　(5)沖縄県　　(6)昭和／新しい制度や施設をつくり，社会の発展のためにそれぞれの力をつくした人です。

《算　数》

1　(1)15　　(2)エ→ア→ウ→イ　　(3)右図　対角線を一本ひくと，三角形がふたつできる。
三角形の３つの角の和は180°なので $180° \times 2 = 360°$　　(4)６　　(5)22　　(6)46　　(7)３

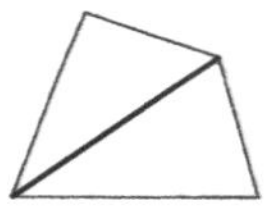

2　(1)８，９　　(2)右グラフ
(3)A組のグラフは，８秒以上９秒未満がもっとも多く山なりになっているが，Ｂ組のグラフは，全体的になだらかである。

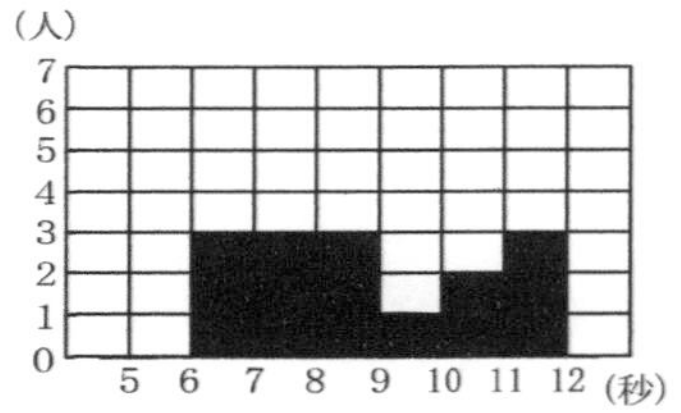

《理　科》

1　(1)はく動　　(2)68　　(3)ア，エ　　(4)名前…酸素　Cのつくりをもつ生物…ア，エ　　(5)記号…ア　名前…でんぷん　　(6)血液から，体内でできた不要なものを水とともにこしだして

2　(1)元にもどろう〔別解〕縮まろう　　(2)イ　　(3)かん電池…─┤├─　　モーター…Ⓜ　　(4)記号…エ／並列
(5)90度に近づくようにすればよい。

《2020　国語　解説》

問三　理由を直接述べているのは、――線イの直前の「歴史的にはできたばかりの品種であるため」だが、そのことを具体的に述べているのは、その前文の「ソメイヨシノの歴史はまだ新しく江戸《えど》時代の終わりに～生み出した」の部分である。よって１が適する。

問四　「全国的にも植えられた」理由なので、ソメイヨシノの良い方の特徴《とくちょう》を指していると推測される。直前の文の「ソメイヨシノは成長が早く、植えて一〇年もたてば見ごろになり、花付きも良い」からまとめる。

問五　木が植えられた年度から奥《おく》びわ湖のソメイヨシノの樹齢《じゅれい》を割り出すと、多くの木は三〇～四〇歳《さい》程度。このうち樹齢が四〇歳で、寿命《じゅみょう》が六〇年の木は、二〇年後に寿命がつきることになる。

問六　「ソメイヨシノ中心の桜並木の保全」にはとても「手間がかかる」。そのためソメイヨシノではない、他の品種の桜への「植替《うえか》えも試行している」と最後の１文にある。

問七(1)　【資料一】の第２段落、２～４行目を参照。テングス病は「空気がきれいな場所のほうがよく発生するといわれている。皮肉にも奥びわ湖のきれいな空気がこの病気のまん延を進めてしまっていたのかも知れない」とあることから。　**(2)２**　「空気のきれいな奥びわ湖地域」とはむしろ反対の環境《かんきょう》の「車がたくさん通っている国道のすぐそば」は、空気がよごれているために、テングス病が広がっているペースが遅《おそ》いのではないかということ。それが 1 をふくむ花子さんの発言。　**３**　テングス病を「発症している木」は、「公園の中でも大きくて高さもある体育館のすぐそば」にあるので、日中はどういう環境になるかを考える。【資料一】の第２段落の１～２行目に「問題のテングス病はカビ菌《きん》が原因なので、陽当《ひあ》たりの悪い、風通しもよくない場所に発生しやすい」とあることに着目する。　**(3)４**　【資料二】では、桜の種類別に「いつごろ咲《さ》くのか」がまとめてある。表によると、ヤマザクラとエドヒガンはソメイヨシノとは花が咲く時期がちがう。　**５**　太郎さんが考えるような植替えをすれば、ソメイヨシノがまだ咲かない三月下旬《げじゅん》から、ヤマザクラとエドヒガンのお花見を楽しむことができる。

《2020　社会　解説》

1　**(1)**　病院の地図記号は(⊕)である。解答欄にある地図記号は，(卍)が寺院，(文)が小中学校である。

(2)　エが正しい。右図の直線ＰＱの断面図を作図すると，２つの山頂があり，右側の山頂の方が，標高が高いことがわかる。

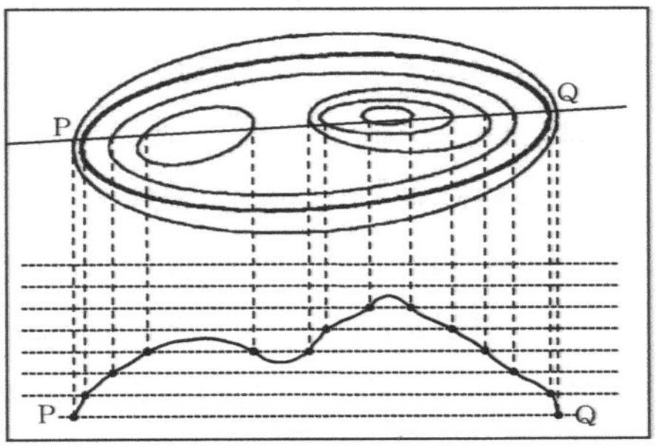

(3)　ウの帯グラフが適当である。割合を比較するには，帯グラフや円グラフが使われる。

(4)　食料自給率には，カロリーベースと生産額ベースがあり，カロリーベースは，(１人１日あたりの供給熱量)に占める(１人１日あたりの国産食料の供給熱量)の割合であり，生産額ベースは，(国内で生産される食料の総生産額)に占める(国内で消費される食料の生産額)の割合である。

野菜はカロリーが少ないため，国産消費量が増えてもカロリーベースの食料自給率を上げる要因としては弱いため，全体としてカロリーベースの食料自給率は低くなる。

(5)　エが正しい。日本の食料自給率は，カロリーベースは40%前後，生産額ベースは65%前後である。

(6)　解答例以外に，「音声だけの情報なので，他の作業をしながら聞くことができる。」などもよい。

(7)　自分の個人情報だけでなく，他人の個人情報も流してはならない。

2　(1)　ウとエが正しい。『三国志』の『魏志』倭人伝によると，邪馬台国の卑弥呼が 237 年ごろに魏に使いを送り，親魏倭王の称号・銅鏡・金印などを授かったとされている。・仏教が日本に伝わったのは６世紀(538 年説と 552 年説がある)のことである。清少納言が『枕草子』を書いたのは平安時代，大化の改新がすすめられたのは 645 年からである。

(2)　「⑤の書き方を参考に」とあることから，「何が(に)どうした。」の形式で書き，結びを丁寧語で終わっていること。内容としては，聖徳太子の行った改革の目的が書かれていればよいので，「天皇中心の国造り」または，「天皇中心の中央集権国家をつくる」といった記述があればよい。

(3)　「学問のすゝめ」は「天は人の上に人をつくらず，人の下に人をつくらず」で知られているが，実際には，「人間の貧富の差や身分の差は，学問の有無から生まれる」といった内容を訴えている。

(4)　ウ(古墳時代・５世紀)→イ(16 世紀半ば・1550～1560 年代)→ア(1583 年)

(5)　沖縄県にある首里城は，2019 年に火災が発生し，正殿・北殿・南殿を焼失した。

(6)　福沢諭吉・渋沢栄一・津田梅子・北里柴三郎の４人は，同じ明治時代・大正時代・昭和時代にさまざまな分野で活躍した人物である。(　)時代の初めにかけてとあるので，(　)には昭和があてはまる。

《2020　算数　解説》

1　(1)　与式＝12＋６÷２＝12＋３＝15

(2)　ア，ウ，エを小数で表すと，アが$1\frac{3}{8}$＝１＋３÷８＝１＋0.375＝1.375，ウが$\frac{10}{7}$＝10÷７＝1.428…，エが$\frac{6}{5}$＝６÷５＝1.2 となるので，これらと 1.5 を小さい順に並べると，$\frac{6}{5}$＜$1\frac{3}{8}$＜$\frac{10}{7}$＜1.5 となる。

(3)　対角線は２本あるが，どちらを引いても三角形は２つできる。

(4)　ＨからＢまで，立方体の辺の上を通って進むとき，Ｄ，Ｅ，Ｇのいずれかを必ず通る。

Ｄを通るとき，ＤからＢまでの進み方は，ＡまたはＣを通る２通りがある。ＥからＢまでの進み方もＡまたはＦを通る２通り，ＧからＢまでの進み方もＣまたはＦを通る２通りあるから，全部で２＋２＋２＝６(通り)ある。

(5)　図３を右図のように２つ合わせると，影のついた面積の和は 11×２＝22(㎠)となる。また，影のついた部分は底辺を大きいほうの長方形の横の長さとすると，高さが４㎝となる平行四辺形なので，大きいほうの長方形の横の長さは，22÷４＝5.5(㎝)である。したがって，求める面積は，5.5×４＝22(㎠)である。

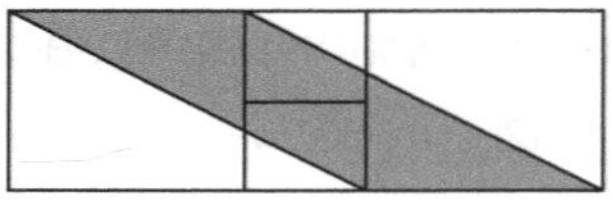

(6)　４時の時点で，長針と短針がつくる角のうち，小さいほうの角は，360×$\frac{4}{12}$＝120(度)，ここから，１分ごとに長針は短針より時計回りに６－0.5＝5.5(度)多く進む。小さいほうの角は，120 度から１分ごとに 5.5 度小さくなり，長針が短針をこえると，１分ごとに 5.5 度大きくなる。よって，長針と短針がつくる角が 133 度になるのは，長針が短針をこえてからであり，４時の時点から，長針が短針より時計回りに 120＋133＝253(度)多く進んだときである。したがって，求める時刻は，４時から 253÷5.5＝46(分後)の，４時 46 分である。

(7)　用意した台数のポンプが１分間で出す水の量が，１分間でわき出す水の量より多くなればよい。

１台のポンプが１分間で出す水の量を１とする。ポンプ５台を 12 分間使ったときに出した水の量は，

$1\times5\times12=60$，ポンプ８台を６分間使ったときに出した水の量は，$1\times8\times6=48$ である。よって，$12-6=6$（分間）でわき出す水の量は，$60-48=12$ なので，１分間でわき出す水の量は，$12\div6=2$ である。したがって，１分間で出す水の量を２より大きくしたいので，ポンプは最低３台必要である。

2 (1)　グラフから，A組の男子は，50m走の記録が，６秒以上７秒未満の人が１人，７秒以上８秒未満の人が３人，８秒以上９秒未満の人が６人いるので，速い順に数えて５番目の人は，８秒以上９秒未満である。

(3)　解答例のようなことに気が付けるとよい。またそれ以外にも，A組のグラフは８秒以上９秒未満付近の人を中心に１つの山のような形，B組のグラフはまん中が谷のような形をしていることから，B組のほうがA組よりも速い人と遅い人がはっきりわかれているということもいえる。

《2020　理科　解説》

1 (2)　15 秒間の脈はくの回数が 17 回だから，１分間→60 秒間では $17\times\frac{60}{15}=68$（回）である。

(3)　イ×…血管の中を流れる血液の流れは，常に同じ向きである。　ウ×…体の各部分で生じた二酸化炭素は血液によって肺に運ばれ，肺で体の外側へ排出《はいしゅつ》される。

(4)　(3)ウ解説より，Aが二酸化炭素であり，二酸化炭素を体の外側へ排出するCは肺である。したがって，肺で血液中にとりこまれるBは酸素である。また，ホニュウ類のクジラと鳥類のスズメは肺で，魚類のフナとメダカはえらで呼吸する。

(6)　体の中でたんぱく質が分解されると有害なアンモニアがつくられる。アンモニアはかん臓で無害な尿素《にょうそ》に変えられる。この尿素を水とともにこしだして尿をつくるのが，じん臓のおもなはたらきである。

2 (2)　表より，ゴムののびが４cmのときの車の進んだ距離《きょり》の平均を求めると，$\frac{1.0+1.2+0.8}{3}=1.0$（cm）となり，同様に求めると，（ゴムののび，車の進んだ距離の平均）＝（８cm，2.0 cm），（12 cm，3.0 cm）となる。したがって，ゴムののびと車の進んだ距離には比例の関係があると考えられるから，車の進んだ距離を 2.5 cmにするためには，ゴムののびを $4\times\frac{2.5}{1.0}=10$（cm）にすればよい。

(3)　かん電池の記号は，長い縦線が＋極，短い縦線が－極を表していることに注意しよう。

(4)　かん電池を並列つなぎにすると，かん電池が１個のときと比べて豆電球の明るさは同じで，長い時間光り続ける。なお，かん電池を直列つなぎにすると，かん電池が１個のときと比べて豆電球の明るさは明るく，光り続ける時間は短くなる。

(5)　光と光電池との角度が 90 度に近づくようにすると，一定面積あたりに当たる光の量が多くなり，発電量が多くなる。

滋賀大学教育学部附属中学校

《国　語》

一　問一．①基　②新設　③発明　④当初　⑤付着　⑥製造　⑦恩師　⑧講演　⑨大豆　⑩有望

問二．２　　問三．現在車両登録されている自動車をすべて電気自動車に置き換えた場合、それらの自動車が使う電力をまかなえるようにするため。　　問四．エンジンを痛めてしまう　　問五．これは　　問六．高

問七．３　　問八．⑴A．料理するときに使った　C．米が手に入りにくくなる　⑵バイオディーゼル　⑶２

《社　会》

1　⑴工場　　⑵道幅が広い通りは交通量が多いことが考えられるので，横断するときは注意が必要です。　　⑶右グラフ　　⑷日本海で発生した水分を多くふくむ空気が風によって運ばれ，それが山地にぶつかって雲ができ，雪が降るから。　　⑸イ　　⑹ウ　　⑺火力

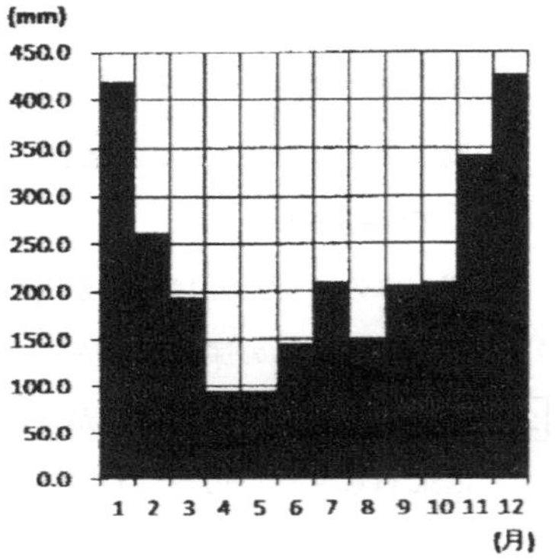

2　⑴縄目の文様がつけられている。　　⑵大仙古墳〔別解〕仁徳陵古墳　⑶下図　　⑷下図　　⑸鎌倉(市)　　⑹(税や関所を廃止して，だれでも)自由に商売ができるようにした。　　⑺イ→エ→ウ→ア　　⑻沖縄県

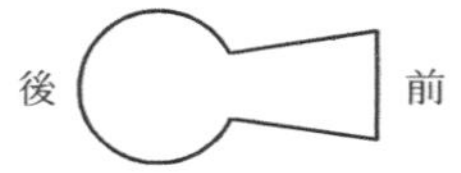

2⑶の図

2⑷の図

《算　数》

1　⑴100　　⑵15 時 28 分，15 時 56 分　　⑶１円あたりのジュースの量が，Ｓサイズは 2.5mL，Ｍサイズは３mL で，Ｍサイズのほうが多いから。　　⑷右図　　⑸85　　⑹70　　⑺７：１

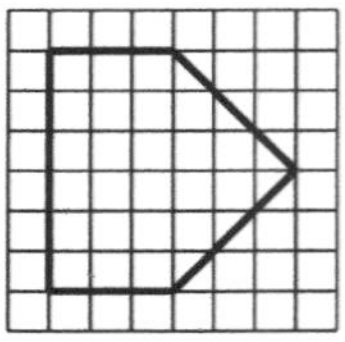

2　⑴60　　⑵12，12　　⑶12，45，13，21

《理　科》

1　⑴適切な温度／水／空気　　⑵蒸散　　⑶ウ　　⑷ヘチマの葉の数が増えていることから，季節がうつりかわることで気温が上がり，植物はより大きく成長するということ。　　⑸イ　　⑹ア，エ

2　⑴ちっ素　　⑵酸素　　⑶石灰水　　⑷二酸化炭素の割合…４％　結果の番号…②

3　⑴どちらのコイルも，導線として使うエナメル線の長さを同じにするという条件を一定にする必要があるため。

⑵ウ　　⑶B

《2019 国語 解説》

一 **問二** あ．前の２文で述べていることから考えて、当然のこととして導き出される結果として ［あ］ 以下のことを述べている。「したがって・よって」どちらが入っても成り立つ。　い．前の２文から予測できる事がらと逆の内容が ［い］ 以下に書かれているから、逆接の接続詞「しかし・だが・ところが」が適切。　う．「使われる燃料によっては腹《はら》を壊《こわ》してしまうこともある」の内容を具体的に説明するため例として、「天ぷらを揚《あ》げたあとの廃《はい》食油をただろ過しただけでディーゼル自動車の燃料として使用している人」をあげている。例示の「たとえば」が適する。不純物の多い極端《きょくたん》な場合でもあるので、「とりわけ」も可。　あ～う、いずれも成立するのは２だけ。よって２が適する。

問三　前文を「～すべての電気自動車分をまかなうことはできない」で終えている。それを受けて、「そのため(まかなうため)には」どういうことが必要であるかをこの文で言っている。

問四　ディーゼルエンジンは、ピーナッツ油をそのまま燃料にしてエンジンを動かすことができた。どんな油でも消化してしまうので「豚《ぶた》の胃袋《ふくろ》」とも呼ばれた。そんなディーゼルエンジンでも使われる燃料によっては「腹を壊してしまう」こともある。それについて具体例をあげて説明した、 ［う］ (＝たとえば) 以下の部分からさがす。

問五　１「～がどうする(動詞)」、２「～がどんなだ(形容詞・形容動詞)」、３「～が何だ(名詞＋断定の助動詞)」、４「～がある (いる)」と大別して４つある主語・述語の型のうちの３番目。この「これ」は、前文の「バイオディーゼル(ＢＤＦ)」を指している。

問六　「わが国」のバイオディーゼル燃料について言っている。この部分をふまえて、後半で「わが国の製造・利用技術は世界的に見てもレベルが高い」と述べているところからも推測がつく。

問七　天ぷらを揚げた後の廃食油を収集すれば、一般《ばん》家庭で出る二酸化炭素を減らせるし、それをバイオディーゼル燃料にしてエコバスに利用すれば、運輸部門の二酸化炭素の削減《さくげん》にもつながる。つまり一つの運動で二つの効果をあげたことになる。「一石二鳥」は、一つのことをして同時に二つの利益・効果をあげること。よって３が適する。

問八(１)Ａ　バスの燃料は「家庭や学校の給食室で調理に使用したあとの油」を回収して処理したものとある。これは資料一における、廃食油を利用した──線エと同じ効果を持つ。　**Ｃ**　この１文の ［Ｃ］ より前の部分を参照。これは「Ｓ町で作られた米」に対する需要《じゅよう》は高いのに、生産(供給)が減ってしまうということ。

(２)　ここで言っているのは、恩師が答えた最後の段落に書かれた問題。「これら(＝食料＝食用油)と燃料が競合することになってしまっている」というもの。 ［Ｂ］ は菜種油について、「 ［Ｂ］ として～買われることになると、食用油として～出回らなくなる」と言っているから、菜種油から作られる燃料「バイオディーゼル」が適する。

(３)　１・３・４は米・菜種油がバイオエタノール・バイオディーゼルの方にばかり用いられ、地元の人の需要を満たさなくなるアンバランスの解消に役立つ。２は、 ［Ｃ］ (＝米が手に入りにくくなる) のような問題をさらに悪化させ、地元に出回る米をもっと少なくしてしまう。よって２が適する。

《2019 社会 解説》

1 (1) 工場の地図記号は「☼」である。ただし，2013 年(平成 25 年)以降，工場や桑畑(Y)の地図記号は使われなくなった。

(2) Ⓐを参考にして道幅が広いことで起こりうる危険を考え，Ⓑを参考にして工場に出入りする車が多いことから交通量も多いことを導く。

(4) 冬の北西季節風は，暖流の対馬海流の上空で大量の水蒸気をふくんだ後，越後山脈にぶつかって，日本海側に大量の雪を降らせる。

(5) イを選ぶ。海洋については右図参照。

(6) ウが正しい。降り積もった雪が自然に下へ落ちるように屋根の傾きが急になっている。アは河岸や海岸での洪水・津波対策，イは作物の成育に必要な水を供給するための工夫である。

(7) 「日本では最も多く発電されている方法」「二酸化炭素を多く出す」「資源が日本で採れず輸入に頼っている」から火力発電と判断する。私たちが日常的に使う石油や石炭などは化石燃料と呼ばれ，限りのあるエネルギー資源である。それに対し，地熱発電・太陽光発電・風力発電・水力発電などの半永久的に使えるエネルギーは再生可能エネルギーと呼ばれ，地球温暖化の原因となる二酸化炭素などの温室効果ガスをほとんど発生させないことから，今後の活用が期待されている。

2 (1) 解答例のほか，「口が広く深い形をしている。(下線部は深ばち形でもよい)」などもよい。縄文土器は，食料をたくわえたり，煮炊きするために使われた。

(2) 日本最大の前方後円墳は大阪府にある大仙古墳で，以前仁徳天皇の墓と伝えられていた。

(3) 前方後円墳は円墳と方墳が組み合わさった形をしており，4 世紀後半～5 世紀にかけて巨大化した。

(4) 壇ノ浦(山口県下関市)の海上で行われた，1185 年の源氏・平氏の最後の戦いは「壇ノ浦の戦い」と呼ばれる。

(5) 征夷大将軍に任命された源頼朝は，敵の攻撃から守るのにつごうがよいなどの理由から，三方を山に囲まれて海に面している鎌倉に幕府を開き，以後，約 700 年間にわたる武家政治が始まった。源頼朝は，敵に簡単に攻められない工夫として，鎌倉の三方を囲む山の一部を切り開いて，人ひとりが通れるほどの「切り通し」を作ったり，鎌倉を中心に放射状に伸びる「鎌倉街道」を作ったりした。戦いの際，御家人たちは街道を駆け抜けて命をかけて戦い(奉公)，そのほうびとして将軍から新たな領地をもらうなどしていた(御恩)。

(6) 織田信長は，公家や寺社などに税を納めて保護を受け，営業を独占していた座の存在が商工業の活性化のさまたげになっていると考え，楽市楽座を行った。

(7) 開始時期は，イ．日清戦争(1894 年)→エ．日露戦争(1904 年)→ウ．満州事変(1931 年)→ア．日中戦争(1937 年)の順である。

(8) アメリカ軍が上陸して始まった沖縄戦では，民間人も巻きこまれて多くの人が亡くなった。

《2019　算数　解説》

1　(1)　与式＝(24－4)×5＝20×5＝100

(2)　電車とバスが同時に発車してから，次に電車とバスが同時に発車するのは，4分と7分の最小公倍数の28分後である。15時に同時に発車したから求める時刻は，15時＋28分＝15時28分と，15時28分＋28分＝15時56分である。

(3)　解答例以外にも，以下のように考えることもできる。

ジュース1mLあたりの値段が，Sサイズは100÷250＝$\frac{2}{5}$(円)，Mサイズは120÷360＝$\frac{1}{3}$(円)で，$\frac{2}{5}=\frac{6}{15}$，$\frac{1}{3}=\frac{5}{15}$より，Mサイズの方が安いから。

(4)　右図のように記号をおく。各辺の長さを1.5倍すればよい。

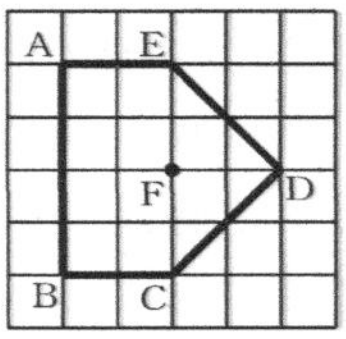

ABは4マス分の長さだから，4×1.5＝6(マス分)，AEとBCは2マス分の長さだから，2×1.5＝3(マス分)の長さにする。DはECの真ん中の点(F)から右に2マス分だから，FCを3マス分の長さにすればよい。

(5)　高さの等しい2つの三角形の面積の比は，底辺の長さの比に等しいことを利用して解く。

求める面積は，(長方形ABCDの面積)－(三角形EBHの面積)－(三角形GBFの面積)である。

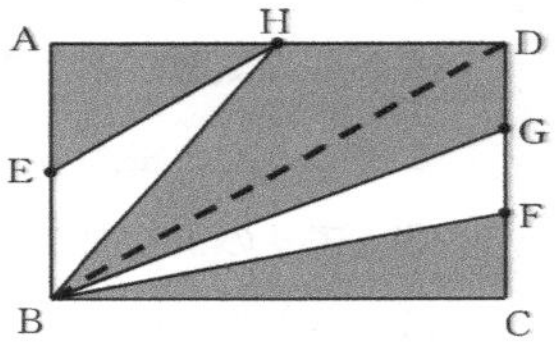

三角形ABDと三角形DBCは長方形を半分にした三角形だから，面積はそれぞれ120÷2＝60(cm²)である。

三角形ABDと三角形ABHの面積の比はAD：AH＝2：1だから，三角形ABHの面積は，60×$\frac{1}{2}$＝30(cm²)，三角形ABHと三角形EBHの面積の比はAB：EB＝2：1だから，三角形EBHの面積は，30×$\frac{1}{2}$＝15(cm²)である。三角形DBCと三角形GBFの面積の比はDC：GF＝3：1だから，三角形GBFの面積は，60×$\frac{1}{3}$＝20(cm²)である。

よって，求める面積は，120－15－20＝85(cm²)

(6)　みかん1個の値段がレモン1個の値段より20円高いから，みかん1個をレモン1個におきかえると，合計金額は20円安くなる。みかんとレモンの個数を逆にすると，20＋20＝40(円)安くなったから，みかんとレモンの個数の差は40÷20＝2(個)である。また，はじめに買おうとした個数の組み合わせでは，みかんの個数の方がレモンの個数より多いとわかるから，はじめに買おうとしたみかんは(10＋2)÷2＝6(個)，レモンは10－6＝4(個)である。したがって，みかん6個とレモン4個の合計金額が600＋20＝620(円)となる。レモン4個をみかん4個におきかえると合計金額は，20×4＝80(円)高くなるから，みかん10個の合計金額は620＋80＝700(円)である。

よって，みかん1個の値段は，700÷10＝70(円)である。

(7)　立体㋐の底面を四角形AEFQ，立体㋑の底面を三角形QFBとすると，高さの等しい角柱とみることができる。高さの等しい角柱の体積の比は，底面積の比に等しいから，(立体㋐の体積)：(立体㋑の体積)＝(四角形AEFQの面積)：(三角形QFBの面積)となる。四角形AEFQはAQとEFが平行な台形だから，その面積は(3＋4)×4÷2＝14(cm²)，三角形QFBの面積は，1×4÷2＝2(cm²)なので，求める比は，14：2＝7：1である。

2　(1)　近江神宮に10時に着いたから，グラフより近江神宮は学校から5kmの地点とわかる。この地点に太郎さんは10時から11時までいたので，求める時間は1時間＝60分間である。

(2)　太郎さんは学校から近江神宮までの5㎞を10時－8時54分＝9時60分－8時54分＝1時間6分で移動した。グラフより，近江神宮から浮見堂までの道のりは，15－5＝10(㎞)とわかるから，学校から近江神宮までと同じ速さで浮見堂まで行ったとすると，近江神宮から浮見堂に行くのにかかる時間は，学校から近江神宮までにかかる時間の$\frac{10}{5}$＝2(倍)の，1時間6分×2＝2時間12分である。よって，求める時刻は10時＋2時間12分＝12時12分である。

なお，近江神宮に1時間止まってから浮見堂に行ったときに，浮見堂に13時に着いたのだから，12時に着くと早とちりしないように気をつけよう(学校から近江神宮までと，近江神宮から浮見堂までの速さは異なる)。

(3)　花子さんは学校から浮見堂まで行くのに，15÷60＝$\frac{1}{4}$(時間)，つまり($\frac{1}{4}$×60)分＝15分かかる。また，グラフの時間の軸の1目盛りは60÷5＝12(分)を表し(1時間に5目盛りあるから)，太郎君が浮見堂にいる時間は13時から13時36分とわかる。したがって，花子さんが学校を出発する時間は，13時－15分＝12時45分から，13時36分－15分＝13時21分の間であればよい。

《2019　理科　解説》

1　(2)　根から吸い上げた水が，葉の裏に多くある気孔《きこう》から水蒸気となって出ていく現象を蒸散という。蒸散によってまわりの気温が下がるのは，水が水蒸気に変化するときにまわりの熱をうばっていくためである。なお，蒸散が起こることで，根からの水の吸い上げが盛んになる効果もある。

(3)　アリのようなこん虫の体は，頭，胸，腹の3つの部分に分かれていて，6本の足がすべて胸についている。

(5)　生き物の種類によって冬のこし方が異なる。テントウムシは成虫の姿で，落ち葉などの下で冬をこす。

(6)　わし座とこと座は夏の夜空を代表する星座である。わし座のアルタイル，こと座のベガ，はくちょう座のデネブを結んでできる大きな三角形を夏の大三角という。

2　(1)　空気中に最も大きな割合(約78%)でふくまれる気体はちっ素である。

(2)(4)　空気中に2番目に大きな割合(約21%)でふくまれる気体は酸素で，酸素にはものが燃えるのを助けるはたらきがある。ろうそくを燃やすのに酸素が使われ，ろうそくを燃やした後のびんの中にふくまれる酸素の割合は17%程度になっている。また，空気中にふくまれる二酸化炭素の割合は約0.04%だが，ろうそくを燃やしたことで二酸化炭素が発生する。したがって，二酸化炭素の割合が約4%と読み取れる図3は，ろうそくが燃えた後の結果だと考えられる。なお，ちっ素はろうそくが燃えることに関係がないので，ちっ素の割合は変化しない。

(3)　ろうそくが燃えるときに発生した二酸化炭素によって石灰水が白くにごる。

3　(1)　エナメル線の長さが短くなると，コイルに流れる電流が大きくなる可能性がある。

(2)　コイルのまき数が異なる組み合わせ(AとC，BとC)のうち，かん電池の数が同じBとCを比べると，電磁石の強さとコイルのまき数との関係を調べることができる。かん電池の数も異なるAとCでは，結果が異なったときに，かん電池の数とコイルのまき数のどちらが原因なのか判断することができない。

(3)　コイルのまき数が多く，コイルに流れる電流が大きい電磁石ほど，強い電磁石になる。コイルに流れる電流は，直列につなぐかん電池の数を増やすほど大きくなるから，Bが最も強い装置となる。

滋賀大学教育学部附属中学校

《国　語》

一　問一．①連　②約束　③気候　④当地　⑤試　⑥世　⑦和　⑧始　⑨天敵　⑩酸味　問二．時代が

問三．町人が武士を見下ろすのは無礼とされた時代に造られた建物は、正規の二階が作られず、低いため。

問四．はじめ…青森や信州　おわり…するのか。　問五．2　問六．4

問七．実が小枝にびっしりふさ状についていること。

問八．⑴まぼろし　⑵道路を広げる工事で、農園の一部がなくなった。　⑶二〇〇年もの間、人々に忘れられていたが、人々の努力で再び実を結んだこと。〔別解〕歯ざわりがよく、甘ずっぱくて独特の味わいがあること。

《社　会》

1　⑴右図　⑵択捉《えとろふ》　⑶下グラフ

⑷歯みがきの時はじゃ口をしめよう。　⑸１つめ…高れい者のわりあいが多くなってきている。　２つめ…農業で働く人が少なくなってきている。

⑹地産地消　⑺１つ１つよごれをたしかめながら洗える。〔別解〕水をむだにしない。

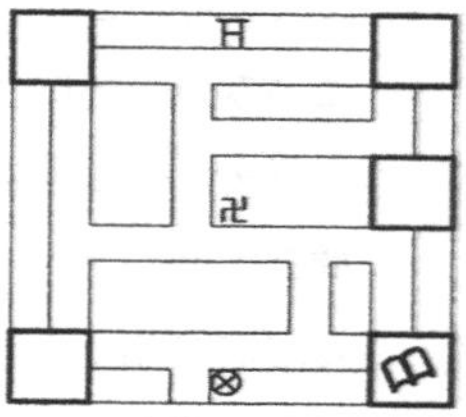
1⑴の図

2　⑴右図　⑵ウ→イ→エ→ア　⑶イ，ウ

⑷

	奈良県の東大寺
関わりの深い歴史上の人物	・聖武天皇が建てさせました。
建てられた目的	・社会の不安をしずめ，国を安定させるための寺です。

⑸平氏は，東大寺を焼き討ちにしながらも，厳島神社は，あつく信仰しました。

⑹織田信長

2⑴の図

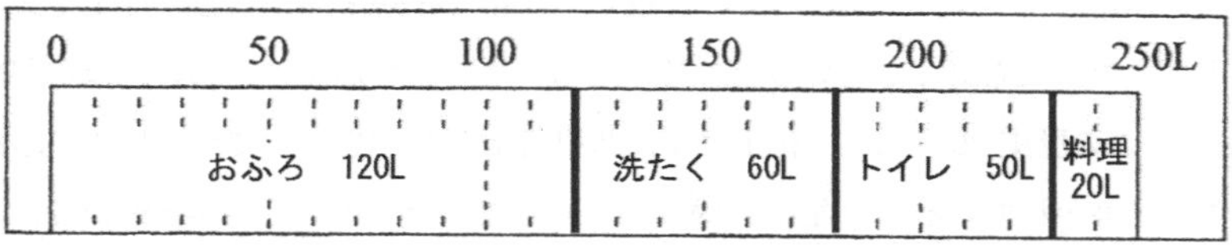

《算　数》

1　⑴6048　⑵492　⑶80　⑷８時14分から８時30分の間　⑸28.5　⑹128　⑺５

2　⑴1200　⑵252　⑶0.6

《理　科》

1　⑴①イ　②ア　③ウ　⑵花だん　⑶キ

⑷場所…平地の川原　理由…山の中の川原では，大きく角ばった石が見られる。いっぽうで，平地の川原では，流れる川のはたらきにより，運ぱんされる途中で，角がとれて丸くなった石が見られるため。　⑸うら

2　⑴分銅　⑵ア．とける量　イ．じょう発　⑶①酸性　②中性　③アルカリ性

⑷方法…アルミニウムや鉄などの金属を入れる。　結果…金属を入れると，泡を出してとける。〔別解〕方法…ムラサキキャベツのしぼり汁を入れる。　結果…ムラサキキャベツのしぼり汁を入れると液が赤色に変わる。

←解答例は前ページにありますので，そちらをご覧ください。

―《2018　国語　解説》―

一

問三　「彦《ひこ》根城《じょう》のまわりには、昔のままの道筋《すじ》に町家が軒《のき》を連ねた一角がある。二階が低いのを『つし二階』といって、頭がつかえる。町人が武士を見下ろすのは無礼だというので、正規の二階が禁じられていたせいである。禁制がとれたあとの二階は高くなる」より。「へこんでいる家＝二階が低い家」は「町人が武士を見下ろすのは無礼だというので、正規の二階が禁じられていた」「禁制」があった時代に建てられた古い家。この時代に建てられた家の二階は「つし二階」といって、頭がつかえるほど低い。

問四　「彦根りんご園を訪ねる約束がある」ということに対して、「たいていの人が首をかしげるにちがいない」と言っている。この「首をかし(傾)げる」は「疑問に思う。不審《ふしん》に思う」という意味の慣用句。「気候温暖《だん》な湖東にりんごがみのったりする」ことに疑問を持ち、「彦根りんご園」というものの存在に疑問を持つことにもつながる―― 線ウの直後の一文が適する。

問五　「まったく、全て」の意味を表す「すっかり」が適する。この後で述べているように、当地ではある時期まではりんごが栽培《さいばい》されていたのだが、その事実はすっかり忘れられていた。だから、前の段落の最後の３文のようなこと(問四参照)を言っている。

問六　かつては当地の名産として知る人ぞ知るというものだったらしいが、すっかり忘れられてしまっていたし、りんご園で栽培されていたのも昭和初年までだから、かなり昔。「首をひねる」は「理解できずに考えこむ。また、疑わしく思ったり、不賛成の意を示したりする」の意味の慣用句。

問七　「たわわ」は、実の重みなどで、木の枝などがしなうさま。(木の枝がしなうほど) たくさんの実がなっている様子を書く。

問八(1)　リンゴの入った小さな段ボール箱のラベルは「まぼろしの彦根りんご」。「彦根藩《はん》士が借金してまで試みたりんご園を平成の世に、もののみごとによみがえらせた」というところからも、この言葉がふさわしい。指定字数も有力なヒントになる。　(2)　「彦根りんごの歴史」のうち、文化十三年に彦根藩士が苗《なえ》木を買って育て始め、昭和初年まで栽培されていたことが、２段落目に書かれている。お盆《ぼん》の供物《くもつ》に用いられていたことは、――線⑧の後に書かれている。「彦根りんごが消えたわけ」の箇条書きにされた最初の２項《こう》は、６段落に書かれているが、３項目目は書かれていない。　(3)　本文４段落後半と「情報メモ」の「200 年の時を経て復活」、あるいは本文最後の一文と「情報メモ」の最後の２項目の共通点に着目して書くといい。

《2018　社会　解説》

1　(1)　お寺の地図記号は「卍」である。地図記号はそれぞれ，「⛩」が神社，「⊗」が警察署である。

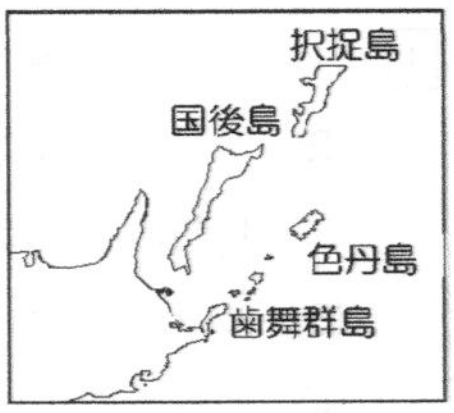

(2)　択捉島は，周辺の色丹《しこたん》島，歯舞《はぼまい》群島，国後《くなしり》島とまとめて北方領土(右図参照)と呼ばれるわが国固有の領土である。

(4)　「節水」は水を節約することである。洗面台，台所，風呂場など家庭内で水の使用量を減らすためにはどんなことができるか考えよう。解答例のほか，「水をためて食器を洗おう。」「風呂の残り湯を洗濯で再利用しよう。」などもよい。

(5)　高齢者は 65 歳以上の人のことである。資料１から，農業で働く人の数が減り続けていく中で，60 歳以上の人口がほとんど変化していないため，高齢者の農家全体に占める割合が高くなっていることを読み取ろう。

(6)　地産地消によって，生産者と消費者との距離が近くなり，消費者が安心して農産物を購入できるようになる。また，地元の人々が地元の農家がつくった農産品を買えば，その地域のお金は他の地域に流出することなく，地域内で循環する。

(7)　洗たく板は，洗たくをする時にこすりつけてよごれを落とすきざみ目のある板である。(右図参照)

2　(1)　朝鮮半島，対馬海流，玄界灘，福岡県の位置については右図参照。

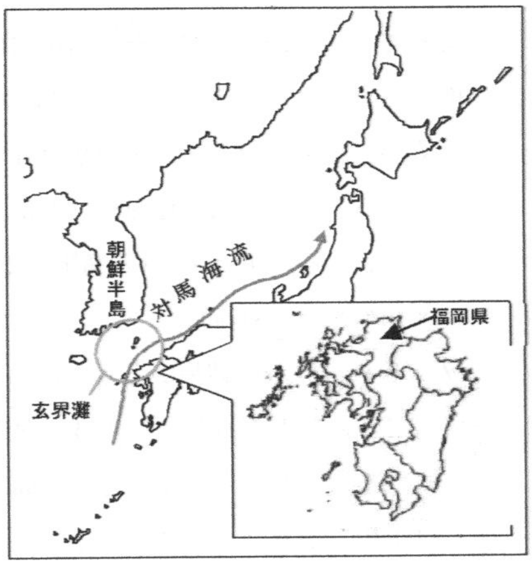

(2)　アの富岡製糸場は生糸の品質を高めることや生産技術を向上させることを目的につくられた官営模範工場である。イの銀閣は足利義政，ウの中尊寺金色堂は奥州藤原氏，エの二条城は徳川家康が建てたものである。

(3)　1945 年８月６日に広島に原爆が投下された。　ア．不平等条約の改正は，1894 年に外務大臣陸奥宗光がイギリスとの間で領事裁判権(治外法権)の撤廃に成功し，1911 年に外務大臣小村寿太郎がアメリカとの間で関税自主権の完全回復に成功した。　イ．朝鮮戦争の開始は 1950 年である。　ウ．東京オリンピックの開催は 1964 年である。　エ．満州事変は 1931 年の南満州鉄道爆破事件(柳条湖事件)をきっかけとして始まった。よって，イとウを選ぶ。

(4)　年表より，都で病気が流行したり反乱が起こったりしたすぐ後に，国分寺や東大寺の大仏をつくる命令を出していることを読み取ろう。さらに，寺院や大仏など仏教に関連するものであることから，聖武天皇が仏教の力で社会の不安をしずめ，国を安定させようとしたことを導き出そう。

(5)　「平氏」に注目して表を見ると，東大寺については「寺社の建物の歴史」に「平氏に建物が焼かれる」とあり，厳島神社については「関わりの深い歴史上の人物」に「平氏があつく信仰しました」とある。

(6)　延暦寺は，織田信長と敵対する浅井・朝倉氏の援助を受け，反抗したため，信長によって焼き打ちされた。

―《2018　算数　解説》

1

(1)　与式＝2016＋2016＋2016＝2016×３＝6048

(2)　ニワトリは１年間同じようにえさを食べるから，５ヶ月間の平均のえさの量を毎月食べると考える。
５ヶ月間の平均は，(37＋42＋45＋38＋43)÷５＝41(kg)なので，１年間＝12ヶ月では，41×12＝492(kg)

(3)　32÷0.4＝80(人)

(4)　花子さんが橋の上で太郎さんと出会うための最も早い出発時刻と最も遅《おそ》い出発時刻を求めたいから，太郎さんが右図の地点A，Bを通過する時刻を求める。太郎さんは学校から地点Aまでの５kmを５÷６＝$\frac{5}{6}$時間かけて進む。１時間＝60分より$\frac{5}{6}$時間＝($\frac{5}{6}$×60)分＝50分だから，太郎さんが地点Aに到《とう》着《ちゃく》するのは午前８時50分である。橋は1000m＝１kmなので太郎さんは学校から地点Bまでの６kmを６÷６＝１(時間)かけて歩き，午前９時に到着する。駅から地点Bまでは11－５－１＝５(km)だから，花子さんは駅から地点Bまでを５÷10×60＝30(分)，駅から地点Aまでを(５＋１)÷10×60＝36(分)かけて進む。よって地点Aで太郎さんに出会うためには午前８時50分の36分前の午前８時14分に出発すればよく，地点Bで太郎さんに出会うためには午前９時の30分前の午前８時30分に出発すればよい。

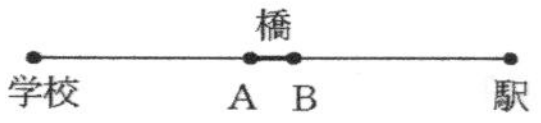

(5)　右図のように，斜線《しゃせん》部分を太線で囲んだ部分に移動させると，影のついた部分の面積は，(おうぎ形BCAの面積)－(直角三角形ABCの面積)で求められる。
よって，10×10×3.14×$\frac{90}{360}$－10×10÷２＝28.5(㎠)

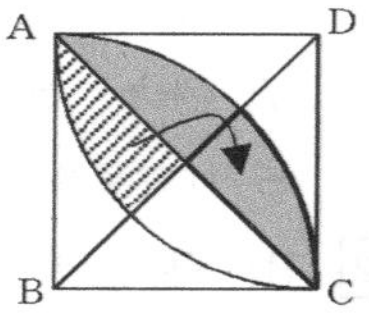

(6)　右図のように線を引くと，「いか」の長さは16－12＝４(cm)となることから「あい」と「くか」が平行なので，正方形は４つの長方形に分けられる。長方形の面積は対角線で２等分されるので，右図の色をつけた部分は，４つの長方形それぞれの面積の半分になっていることがわかる。よって，「四角形おかきく」の面積は正方形の面積の半分だから，
16×16÷２＝128(㎠)

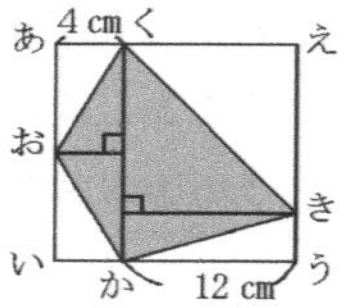

(7)　じゃんけんの結果がどうであろうと，１回のじゃんけんで２人が進むタイルの数は合計４枚である。したがって，じゃんけんを(19＋13)÷４＝８(回)したとわかる。８回すべてあいこだと，２人はそれぞれ８×２＝16のタイルにいる。８回のうち１回を「太郎さんの勝ち，花子さんの負け」にかえるごとに，太郎さんは１枚進み，花子さんは１枚下がるので，８回のうち「太郎さんの勝ち，花子さんの負け」は，(19－16)÷１＝３(回)である。
よって，最も多いあいこの回数は，８－３＝５(回)

2

(1)　直方体の体積は(縦)×(横)×(高)さで求められるので，６×20×10＝1200(㎤)

(2)　水そうの容積は30×30×60＝54000(㎤)であり，レンガを３つ入れると1200×３＝3600(㎤)だけ水そうに入る水の量が減少するから，54000－3600＝50400(㎤)でいっぱいになる。よって，求める時間は，50400÷200＝252(秒後)

(3)　レンガが水そうの底から11cmの高さまで水につかっているとき，縦６cm，横10cmの面を底面としてレンガを立てていることになるから，このときの水の体積は(30×30－６×10)×11＝9240(㎤)となる。レンガ全体が水につかったときの水面の高さは，水とレンガの体積の合計と同じ量の水が入っているときと同じ高さになるから，水面の高さは，(9240＋1200)÷900＝11.6(cm)となる。よって，水面は11.6－11＝0.6(cm)上がる。

《2018　理科　解説》

1　(1)　①3月 20 日は春分のころ，②6月 20 日は夏至のころ，③12 月 20 日は冬至のころなので，そのころの太陽の動きを考えればよい(図Ⅰ)。太陽は，東の地平線から出て，正午ごろ南の空で最も高くなり(南中)，西の地平線にしずむ。かげは太陽と反対の方角にできるから，太陽が真南にある正午のかげは真北にできる。また，太陽の高さが高いほどかげは短くなるから，太郎さんの頭のかげの位置は入口に近くなる。図Ⅰより，正午の太陽の高さが高い順に，夏至→春分→冬至となっているから，①はイ，②はア，③はウが正答である。

図Ⅰ

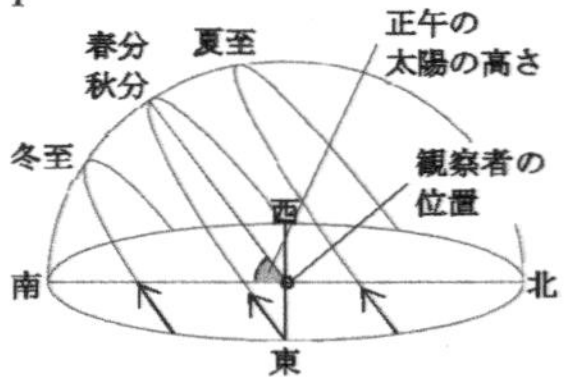

(2)　図1で，太郎さんのかげは太郎さんの北にできるから，ベンチ側が北，入り口側が南であり，西には花だんがあることがわかる。

(3)　太陽は東→南→西へと動くから，頭のかげの先の位置は西→北→東へと動いていく。よって，キが正答である。

(5)　モンシロチョウはキャベツなどのアブラナ科の植物の葉に卵を産み付ける。卵を葉のうら側に産み付けた方が，天敵《てんてき》に卵を見つけられにくく，雨から卵を守ることもできる。

2　(1)　上皿てんびんで決まった重さの物質をはかりとるときは，左右の皿に同じ重さの紙(薬包紙など)をのせてつり合わせ，まず片方の皿にはかりとりたい重さと同じ重さの分銅をのせる。そのあと，もう一方の皿にはかりとる物質を少しずつのせていき，つり合わせる。このように決まった重さの物質をはかりとるとき，分銅は一度のせたら動かさないから，利《き》き手と反対側(右利きならば左側)の皿にのせ，はかりとる物質を利き手側(右利きならば右側)にのせる。

(2)　表1で，食塩はミョウバンと異なり水の温度が低くなってもとけ残りは出てこない。しかし，食塩もミョウバンも水を蒸発させればとけていた物質が取り出せる。つまり，とかしている水の量が少なくなれば，とける物質の量も少なくなるので取り出すことができる。日本に古くからある海水から塩を取り出す技術は，物質が水にとける量が水の量に比例することを利用している。

(3)　リトマス紙の色の変化は表Ⅰ参照。

表Ⅰ

水よう液の性質		酸性	中性	アルカリ性
リトマス紙	青	赤	青(変化なし)	青(変化なし)
	赤	赤(変化なし)	赤(変化なし)	青

(4)　ムラサキキャベツのしぼり汁の色の変化は表Ⅱ参照。解答例のほかに，ＢＴＢ液で確かめる方法(酸性で黄色，中性で緑色，アルカリ性で青色に変化する)もある。

表Ⅱ

水よう液の性質	強酸性	弱酸性	中性	弱アルカリ性	強アルカリ性
ムラサキキャベツのしぼり汁の色	赤色	ピンク色	むらさき色	緑色	黄色

■ ご使用にあたってのお願い・ご注意

（1）問題文等の非掲載

著作権上の都合により，問題文や図表などの一部を掲載できない場合があります。

誠に申し訳ございませんが，ご了承くださいますようお願いいたします。

（2）過去問における時事性

過去問題集は，学習指導要領の改訂や社会状況の変化，新たな発見などにより，現在とは異なる表記や解説になっている場合があります。過去問の特性上，出題当時のままで出版していますので，あらかじめご了承ください。

（3）配点

学校等から配点が公表されている場合は，記載しています。公表されていない場合は，記載していません。

独自の予想配点は，出題者の意図と異なる場合があり，お客様が学習するうえで誤った判断をしてしまう恐れがあるため記載していません。

（4）無断複製等の禁止

購入された個人のお客様が，ご家庭でご自身またはご家族の学習のためにコピーをすることは可能ですが，それ以外の目的でコピー，スキャン，転載（ブログ，ＳＮＳなどでの公開を含みます）などをすることは法律により禁止されています。学校や学習塾などで，児童生徒のためにコピーをして使用することも法律により禁止されています。

ご不明な点や，違法な疑いのある行為を確認された場合は，弊社までご連絡ください。

（5）けがに注意

この問題集は針を外して使用します。針を外すときは，けがをしないように注意してください。また，表紙カバーや問題用紙の端で手指を傷つけないように十分注意してください。

（6）正誤

制作には万全を期しておりますが，万が一誤りなどがございましたら，弊社までご連絡ください。

なお，誤りが判明した場合は，弊社ウェブサイトの「ご購入者様のページ」に掲載しておりますので，そちらもご確認ください。

■ お問い合わせ

解答例，解説，印刷，製本など，問題集発行におけるすべての責任は弊社にあります。

ご不明な点がございましたら，弊社ウェブサイトの「お問い合わせ」フォームよりご連絡ください。迅速に対応いたしますが，営業日の都合で回答に数日を要する場合があります。

ご入力いただいたメールアドレス宛に自動返信メールをお送りしています。自動返信メールが届かない場合は，「よくある質問」の「メールの問い合わせに対し返信がありません。」の項目をご確認ください。

また弊社営業日（平日）は，午前９時から午後５時まで，電話でのお問い合わせも受け付けています。

2025春

株式会社教英出版

〒422-8054　静岡県静岡市駿河区南安倍３丁目12-28

TEL　054-288-2131　　FAX　054-288-2133

URL　https://kyoei-syuppan.net/

MAIL　siteform@kyoei-syuppan.net

教英出版

教英出版の親子で取りくむシリーズ

公立中高一貫校とは？適性検査とは？
受検を考えはじめた親子のための
最初の１冊！

「概要編」では公立中高一貫校の仕組みや適性検査の特徴をわかりやすく説明し，「例題編」では実際の適性検査の中から，よく出題されるパターンの問題を厳選して紹介しています。実際の問題紙面も掲載しているので受検を身近に感じることができます。

- 公立中高一貫校を知ろう！
- 適性検査を知ろう！
- 教科的な問題〈適性検査ってこんな感じ〉
- 実技的な問題〈さらにはこんな問題も！〉
- おさえておきたいキーワード

定価：1,078円（本体980+税）

適性検査の作文問題にも対応！
「書けない」を「書けた！」に
導く合格レッスン

「実力養成レッスン」では，作文の技術や素材の見つけ方，書き方や教え方を対話形式でわかりやすく解説。実際の入試作文をもとに，とり外して使える解答用紙に書き込んでレッスンをします。赤ペンの添削例や，「添削チェックシート」を参考にすれば，お子さんが書いた作文をていねいに添削することができます。

- レッスン１　作文の基本と，書くための準備
- レッスン２　さまざまなテーマの入試作文
- レッスン３　長文の内容をふまえて書く入試作文
- 実力だめし！入試作文
- 別冊「添削チェックシート・解答用紙」付き

定価：1,155円（本体1,050+税）

絶賛販売中！

詳しくは教英出版で検索

教英出版　検索

URL https://kyoei-syuppan.net/

神奈川県

①[県立]相模原中等教育学校
平塚中等教育学校
②[市立]南高等学校附属中学校
③[市立]横浜サイエンスフロンティア高等学校附属中学校
④[市立]川崎高等学校附属中学校
✿⑤聖光学院中学校
✿⑥浅野中学校
⑦洗足学園中学校
⑧法政大学第二中学校
⑨逗子開成中学校（1次）
⑩逗子開成中学校（2·3次）
⑪神奈川大学附属中学校（第1回）
⑫神奈川大学附属中学校（第2·3回）
⑬栄光学園中学校
⑭フェリス女学院中学校

新潟県

①[県立]村上中等教育学校
柏崎翔洋中等教育学校
燕中等教育学校
津南中等教育学校
直江津中等教育学校
佐渡中等教育学校
②[市立]高志中等教育学校
③新潟第一中学校
④新潟明訓中学校

石川県

①[県立]金沢錦丘中学校
②星稜中学校

福井県

①[県立]高志中学校

山梨県

①山梨英和中学校
②山梨学院中学校
③駿台甲府中学校

長野県

①[県立]屋代高等学校附属中学校
諏訪清陵高等学校附属中学校
②[市立]長野中学校

岐阜県

①岐阜東中学校
②鶯谷中学校
③岐阜聖徳学園大学附属中学校

静岡県

①[国立]静岡大学教育学部附属中学校
（静岡·島田·浜松）
②[県立]清水南高等学校中等部
[県立]浜松西高等学校中等部
[市立]沼津高等学校中等部
③不二聖心女子学院中学校
④日本大学三島中学校
⑤加藤学園暁秀中学校
⑥星陵中学校
⑦東海大学付属静岡翔洋高等学校中等部
⑧静岡サレジオ中学校
⑨静岡英和女学院中学校
⑩静岡雙葉中学校
⑪静岡聖光学院中学校
⑫静岡学園中学校
⑬静岡大成中学校
⑭城南静岡中学校
⑮静岡北中学校
⑯常葉大学附属常葉中学校
常葉大学附属橘中学校
常葉大学附属菊川中学校
⑰藤枝明誠中学校
⑱浜松開誠館中学校
⑲静岡県西遠女子学園中学校
⑳浜松日体中学校
㉑浜松学芸中学校

愛知県

①[国立]愛知教育大学附属名古屋中学校
②愛知淑徳中学校
③名古屋経済大学市邨中学校
名古屋経済大学高蔵中学校
④金城学院中学校
⑤椙山女学園中学校
⑥東海中学校
⑦南山中学校男子部
⑧南山中学校女子部
⑨聖霊中学校
⑩滝中学校
⑪名古屋中学校
⑫大成中学校
⑬愛知中学校
⑭星城中学校
⑮名古屋葵大学中学校
（名古屋女子大学中学校）
⑯愛知工業大学名電中学校
⑰海陽中等教育学校（特別給費生）
⑱海陽中等教育学校（I·II）
⑲中部大学春日丘中学校
新刊⑳名古屋国際中学校

三重県

①[国立]三重大学教育学部附属中学校
②暁中学校
③海星中学校
④四日市メリノール学院中学校
⑤高田中学校
⑥セントヨゼフ女子学園中学校
⑦三重中学校
⑧皇學館中学校
⑨鈴鹿中等教育学校
⑩津田学園中学校

滋賀県

①[国立]滋賀大学教育学部附属中学校
②[県立]河瀬中学校
守山中学校
水口東中学校

京都府

①[国立]京都教育大学附属桃山中学校
②[府立]洛北高等学校附属中学校
③[府立]園部高等学校附属中学校
④[府立]福知山高等学校附属中学校
⑤[府立]南陽高等学校附属中学校
⑥[市立]西京高等学校附属中学校
⑦同志社中学校
⑧洛星中学校
⑨洛南高等学校附属中学校
⑩立命館中学校
⑪同志社国際中学校
⑫同志社女子中学校（前期日程）
⑬同志社女子中学校（後期日程）

大阪府

①[国立]大阪教育大学附属天王寺中学校
②[国立]大阪教育大学附属平野中学校
③[国立]大阪教育大学附属池田中学校

④[府立]富田林中学校
⑤[府立]咲くやこの花中学校
⑥[府立]水都国際中学校
⑦清風中学校
⑧高槻中学校（Ａ日程）
⑨高槻中学校（Ｂ日程）
⑩明星中学校
⑪大阪女学院中学校
⑫大谷中学校
⑬四天王寺中学校
⑭帝塚山学院中学校
⑮大阪国際中学校
⑯大阪桐蔭中学校
⑰開明中学校
⑱関西大学第一中学校
⑲近畿大学附属中学校
⑳金蘭千里中学校
㉑金光八尾中学校
㉒清風南海中学校
㉓帝塚山学院泉ヶ丘中学校
㉔同志社香里中学校
㉕初芝立命館中学校
㉖関西大学中等部
㉗大阪星光学院中学校

兵庫県

①[国立]神戸大学附属中等教育学校
②[県立]兵庫県立大学附属中学校
③雲雀丘学園中学校
④関西学院中学部
⑤神戸女学院中学部
⑥甲陽学院中学校
⑦甲南中学校
⑧甲南女子中学校
⑨灘中学校
⑩親和中学校
⑪神戸海星女子学院中学校
⑫滝川中学校
⑬啓明学院中学校
⑭三田学園中学校
⑮淳心学院中学校
⑯仁川学院中学校
⑰六甲学院中学校
⑱須磨学園中学校(第1回入試)
⑲須磨学園中学校(第2回入試)
⑳須磨学園中学校(第3回入試)
㉑白陵中学校
㉒夙川中学校

奈良県

①[国立]奈良女子大学附属中等教育学校
②[国立]奈良教育大学附属中学校
③[県立]（国際中学校
　　　　 青翔中学校
④[市立]一条高等学校附属中学校
⑤帝塚山中学校
⑥東大寺学園中学校
⑦奈良学園中学校
⑧西大和学園中学校

和歌山県

①[県立]（古佐田丘中学校
　　　　 向陽中学校
　　　　 桐蔭中学校
　　　　 日高高等学校附属中学校
　　　　 田辺中学校
②智辯学園和歌山中学校
③近畿大学附属和歌山中学校
④開智中学校

岡山県

①[県立]岡山操山中学校
②[県立]倉敷天城中学校
③[県立]岡山大安寺中等教育学校
④[県立]津山中学校
⑤岡山中学校
⑥清心中学校
⑦岡山白陵中学校
⑧金光学園中学校
⑨就実中学校
⑩岡山理科大学附属中学校
⑪山陽学園中学校

広島県

①[国立]広島大学附属中学校
②[国立]広島大学附属福山中学校
③[県立]広島中学校
④[県立]三次中学校
⑤[県立]広島叡智学園中学校
⑥[市立]広島中等教育学校
⑦[市立]福山中学校
⑧広島学院中学校
⑨広島女学院中学校
⑩修道中学校
⑪崇徳中学校
⑫比治山女子中学校
⑬福山暁の星女子中学校
⑭安田女子中学校
⑮広島なぎさ中学校
⑯広島城北中学校
⑰近畿大学附属広島中学校福山校
⑱盈進中学校
⑲如水館中学校
⑳ノートルダム清心中学校
㉑銀河学院中学校
㉒近畿大学附属広島中学校東広島校
㉓ＡＩＣＪ中学校
㉔広島国際学院中学校
㉕広島修道大学ひろしま協創中学校

山口県

①[県立]（下関中等教育学校
　　　　 高森みどり中学校
②野田学園中学校

徳島県

①[県立]（富岡東中学校
　　　　 川島中学校
　　　　 城ノ内中等教育学校
②徳島文理中学校

香川県

①大手前丸亀中学校
②香川誠陵中学校

愛媛県

①[県立]（今治東中等教育学校
　　　　 松山西中等教育学校
②愛光中学校
③済美平成中等教育学校
④新田青雲中等教育学校

高知県

①[県立]（安芸中学校
　　　　 高知国際中学校
　　　　 中村中学校

福岡県

①［国立］福岡教育大学附属中学校（福岡・小倉・久留米）
②［県立］
- 育徳館中学校
- 門司学園中学校
- 宗像中学校
- 嘉穂高等学校附属中学校
- 輝翔館中等教育学校

③西南学院中学校
④上智福岡中学校
⑤福岡女学院中学校
⑥福岡雙葉中学校
⑦照曜館中学校
⑧筑紫女学園中学校
⑨敬愛中学校
⑩久留米大学附設中学校
⑪飯塚日新館中学校
⑫明治学園中学校
⑬小倉日新館中学校
⑭久留米信愛中学校
⑮中村学園女子中学校
⑯福岡大学附属大濠中学校
⑰筑陽学園中学校
⑱九州国際大学付属中学校
⑲博多女子中学校
⑳東福岡自彊館中学校
㉑八女学院中学校

佐賀県

①［県立］
- 香楠中学校
- 致遠館中学校
- 唐津東中学校
- 武雄青陵中学校

②弘学館中学校
③東明館中学校
④佐賀清和中学校
⑤成穎中学校
⑥早稲田佐賀中学校

長崎県

①［県立］
- 長崎東中学校
- 佐世保北中学校
- 諫早高等学校附属中学校

②青雲中学校
③長崎南山中学校
④長崎日本大学中学校
⑤海星中学校

熊本県

①［県立］
- 玉名高等学校附属中学校
- 宇土中学校
- 八代中学校

②真和中学校
③九州学院中学校
④ルーテル学院中学校
⑤熊本信愛女学院中学校
⑥熊本マリスト学園中学校
⑦熊本学園大学付属中学校

大分県

①［県立］大分豊府中学校
②岩田中学校

宮崎県

①［県立］五ヶ瀬中等教育学校
②［県立］
- 宮崎西高等学校附属中学校
- 都城泉ヶ丘高等学校附属中学校

③宮崎日本大学中学校
④日向学院中学校
⑤宮崎第一中学校

鹿児島県

①［県立］楠隼中学校
②［市立］鹿児島玉龍中学校
③鹿児島修学館中学校
④ラ・サール中学校
⑤志學館中等部

沖縄県

①［県立］
- 与勝緑が丘中学校
- 開邦中学校
- 球陽中学校
- 名護高等学校附属桜中学校

もっと過去問シリーズ

北海道

北嶺中学校
7年分（算数・理科・社会）

静岡県

静岡大学教育学部附属中学校
（静岡・島田・浜松）
10年分（算数）

愛知県

愛知淑徳中学校
7年分（算数・理科・社会）
東海中学校
7年分（算数・理科・社会）
南山中学校男子部
7年分（算数・理科・社会）
南山中学校女子部
7年分（算数・理科・社会）
滝中学校
7年分（算数・理科・社会）
名古屋中学校
7年分（算数・理科・社会）

岡山県

岡山白陵中学校
7年分（算数・理科）

広島県

広島大学附属中学校
7年分（算数・理科・社会）
広島大学附属福山中学校
7年分（算数・理科・社会）
広島学院中学校
7年分（算数・理科・社会）
広島女学院中学校
7年分（算数・理科・社会）
修道中学校
7年分（算数・理科・社会）
ノートルダム清心中学校
7年分（算数・理科・社会）

愛媛県

愛光中学校
7年分（算数・理科・社会）

福岡県

福岡教育大学附属中学校
（福岡・小倉・久留米）
7年分（算数・理科・社会）
西南学院中学校
7年分（算数・理科・社会）
久留米大学附設中学校
7年分（算数・理科・社会）
福岡大学附属大濠中学校
7年分（算数・理科・社会）

佐賀県

早稲田佐賀中学校
7年分（算数・理科・社会）

長崎県

青雲中学校
7年分（算数・理科・社会）

鹿児島県

ラ・サール中学校
7年分（算数・理科・社会）

※もっと過去問シリーズは
国語の収録はありません。

教英出版
〒422-8054
静岡県静岡市駿河区南安倍3丁目12－28
TEL 054-288-2131
FAX 054-288-2133
詳しくは教英出版で検索
教英出版　検索
URL https://kyoei-syuppan.net/

令和６年度　問題用紙

国語

（※国語と社会２科目45分）

●指示があるまで開いてはいけません。

●問題用紙を開いたら、問題用紙・解答用紙の右上のらんに受験番号（数字）を記入しなさい。

●解答は解答用紙の解答らんに記入しなさい。

●ていねいな文字で、こくはっきりと書きなさい。

●「始めなさい」の合図で始めなさい。

●「終わりなさい」の合図で筆記用具を置きなさい。

滋賀大学教育学部附属中学校

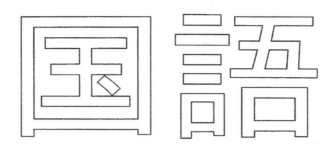

受験番号	

次の**各資料**を読んで、後の問一から問七に答えなさい。なお、句読点は一字に数えます。

【資料一　太郎《ろう》さんが図書館で読んだ本の一部】

お詫び
著作権上の都合により、文章は掲載しておりません。
ご不便をおかけし、誠に申し訳ございません。
教英出版

（「近江《おうみ》の祭りの担い手と将《しょう》来展《てん》望」滋賀県民俗《ぞく》文化財保護ネットワーク『近江湖南《こなん》のサンヤレ踊り近江のケンケト祭り長刀《なぎなた》振《ふ》り』二〇二三年十月刊より。引用者一部改。）

【資料二　太郎さんが長浜《ながはま》の曳山《ひきやま》祭の芸能について調べたメモ】

芸能	長浜の曳山祭では子ども歌舞伎《かぶき》が奉納される。この子ども歌舞伎は曳山を持つ町に住む五～十二歳までの男子によって演じられる。
継承の取り組み	長浜曳山祭保存《ぞん》会は、平成二年から「三役」といわれる歌舞伎の「振《ふ》り付け」「語り手の太夫《たゆう》」「三味線奏者《そうしゃ》」の養成講座を開講した。中高生であれば滋賀県外の人でも参加できる。講座を学び終えた人の中には、曳山祭の三役の指導で活躍《やく》する人もいる。
普及《ふきゅう》	長浜曳山まつり推進《すいしん》会議は、令和五年、子ども歌舞伎発表会を企画した。小学四年生～中学一年生であれば、住所や性別に関係なく、応募《ぼ》でき、歌舞伎の文化を体験できる。
施《し》設	平成十一年には、曳山祭の保存・継承の拠《きょ》点である長浜市曳山⑨ハクブツ館が開館した。ハクブツ館では、曳山の展示だけではなく、大きい規模《ぼ》の⑩シュウリを行うことができる設備が備えられている。

＊曳山…人形や花で飾り付けられた、屋根のついた移動式の台。祭りのときに多人数で引き回される。

受験番号	

2　花子さんは，2023年５月19日から21日にかけて開かれた「Ｇ７広島《ひろしま》サミット」のニュースを見て，外国とのつながりに関心を持ち，調べたことを【ノート１】【ノート２】にまとめました。このことについて（１）～（８）の各問いに答えなさい。

【ノート１】Ｇ７広島サミットについて

　Ｇ７サミットとは，フランス，アメリカ，イギリス，ドイツ，日本，イタリア，カナダおよびヨーロッパ連合（ＥＵ）の首脳《のう》（政府の中心になって活動する人）が参加して毎年開かれる国際会議です。2023年は日本が議長国となり，岸田文雄《お》<u>①内閣《ないかく》総理大臣</u>が出席しました。Ｇ７サミットが開かれた<u>②広島市は，平和都市として世界的に有名です。</u>

（１）<u>下線部①</u>の内閣総理大臣の説明として正しいものを次の**ア**～**エ**から一つ選び，記号で答えなさい。

ア　内閣総理大臣は国会で指名され，国務大臣との会議を開き，国の政治の進め方を話し合う。

イ　内閣総理大臣は国民から選挙で選ばれ，国務大臣との会議を開き，国の政治の進め方を話し合う。

ウ　内閣総理大臣は国会で指名され，法律にもとづいて問題を解決し，国民の権利を守る。

エ　内閣総理大臣は国民から選挙で選ばれ，法律にもとづいて問題を解決し，国民の権利を守る。

（２）<u>下線部②</u>について，日本国憲法では，**資料４**のような平和主義をかかげています。（　Ｙ　）に入る数字を答えなさい。

（３）<u>下線部②</u>のように，広島市が平和都市として世界的に有名な理由を，「原子爆弾」，「取り組み」という言葉をどちらも使って答えなさい。

資料４

第（　Ｙ　）条
　日本国民は，正義と秩序《ちつじょ》を基調とする国際平和を誠実《せいじつ》に希求し，国権《こっけん》の発動たる戦争と，武力による威嚇又《いかくまた》は武力の行使は，国際紛争《ふんそう》を解決する手段としては，永久にこれを放棄《ほうき》する。

【ノート２】外国とのつながりの歴史	
Ａ：８世紀ごろ	世界と日本をつなぐ陸上や海上の交通路を通じて外国と盛《さか》んに交流し，<u>③聖武天皇《しょうむてんのう》は唐（中国）に使者（遣唐使）を送った。</u>
Ｂ：12世紀	（　④　）が武士として初めて太政大臣《だいじょうだいじん》の位につき，宋《そう》（中国）との貿易を進めるなど，積極的な政治を行った。
Ｃ：16世紀	スペインやポルトガルから貿易船がやってきて，<u>⑤ヨーロッパの品物や文化が日本にもたらされた。</u>
Ｄ：19世紀	アメリカからペリーが来航《こう》し，1854年に日米和親条約を結んで国交を開いた。1858年には日米修好通商条約を結び，<u>⑥横浜《よこはま》や長崎《ながさき》などで貿易を行うようになった。</u>

（４）<u>下線部③</u>について，聖武天皇が唐に使者を送った理由を，「大陸」という言葉を使って答えなさい。

（５）聖武天皇の持ち物や宝物がたくさん収められた，東大寺にある建物を何というか，答えなさい。

（６）（　④　）に入る人物の名前を答えなさい。

（７）<u>下線部⑤・⑥</u>について，これらの貿易によって日本の国内にどんな変化があったか，次の**ア**～**エ**から正しいものをそれぞれ一つずつ選び，記号で答えなさい。

ア　国内の品物が不足し，物価が急に上がって人々の生活は苦しくなり，不満が高まった。

イ　将軍が大きな利益を得て力をつけ，権威《けんい》を高めていった。

ウ　貴族が中心となり，日本の風土や生活にあった文化が作りあげられていった。

エ　鉄砲《てっぽう》や火薬が伝えられ，戦での戦い方が変化していった。

（８）日本はこれまで，様々な時代に世界の国々と交流し，つながりをもってきました。一方で，日本人が外国に行くことを禁止し，**資料５**の像をふませるなどしてキリスト教を厳《きび》しく取りしまることもありました。それはノート２のどの時代とどの時代の間のことか，解答らんに合わせて，アルファベットで答えなさい。

資料５

】

受験番号	

□2 右の図２のように，タイルを１段《だん》目には１枚《まい》，２段目には２枚というように，１枚ずつ増やして置いていくとき，次の各問いに答えなさい。

（1）13 段目まで並《なら》べたとき，タイルの合計枚数を答えなさい。

図２

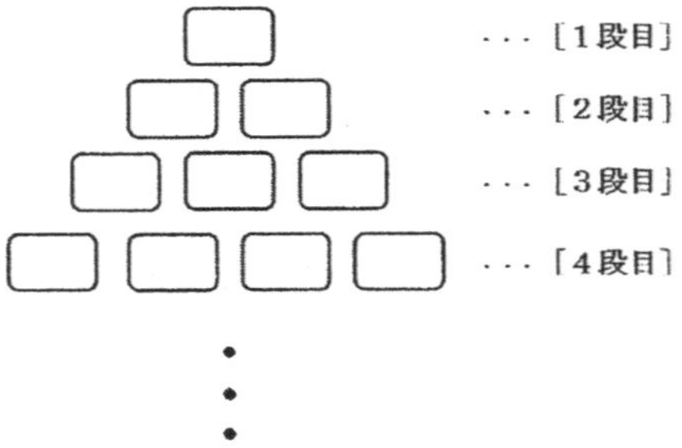

（2）ある規則にしたがって，右の図３のようにタイルの中に数字を書き入れました。
このとき，113 段目の左から２番目のタイルに書かれた数字を答えなさい。

図３

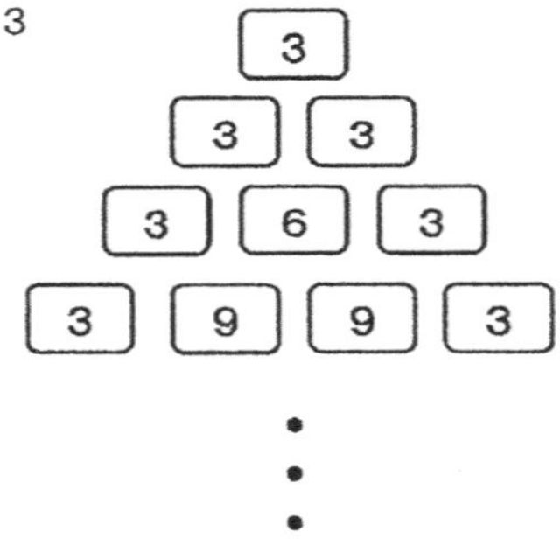

（3）（2）のタイルの１段目の数字を９にした場合，右の図４のようにタイルの中の数字がかわります。
横に並んだ同じ段のタイルの中に書いてある数字を，すべて足したとき，6113 より初めて大きくなるのは何段目か答えなさい。

図４

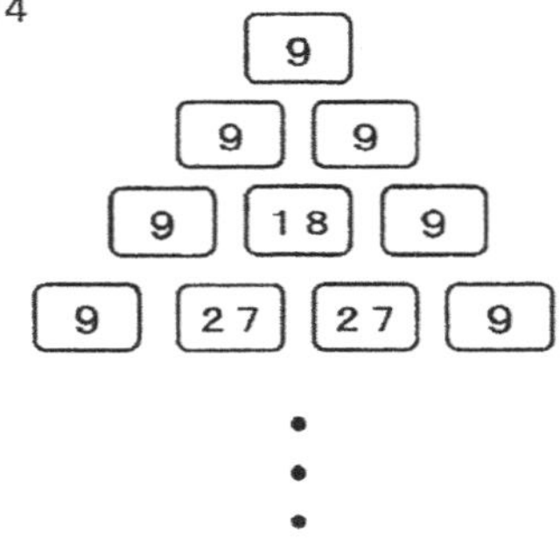

受験番号	

2 次の【文章３】・【文章４】・【会話文】を読んで，（１）～（４）の各問いに答えなさい。ただし，おもりをつるすひもの重さは考えないものとします。

【文章３】太郎さんと花子さんは，はさみ刃の点Ａ～Ｃ(図２)であつ紙を一重・二重・三重にしたものを切り，その時加えた力の大きさを調べることにしました。表４は実験結果をまとめたものです。

表４　実験結果	Ａ(刃先)	Ｂ(中央)	Ｃ(刃元)
あつ紙一重	中	軽	軽
あつ紙二重	強	中	軽
あつ紙三重	強	中	中

軽：軽い力で切れた

中：中くらいの力で切れた

強：強い力で切れた

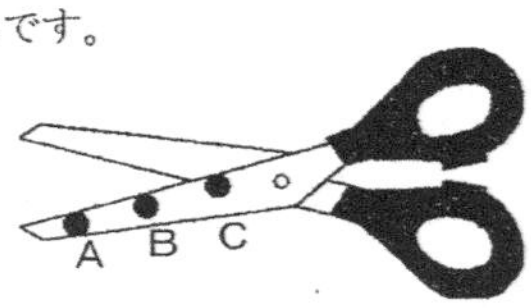

図２

花子さんの気づき「はさみであつ紙を切っているときはア刃と紙がふれ合う部分に力がはたらいているんだね。イより小さな力であつ紙を切る方法はないのかな。」

（１）下線部アについて，あとの問いに答えなさい。

①下線部アとは，**支点・力点・作用点**のうちのどれですか。いずれかを選び，答えなさい。

②はさみに利用されているてこの支点・力点・作用点の並び方や力の向きについて，もっとも正しく表されているのは，次のア～エのうちどれですか。一つ選び，記号で答えなさい。

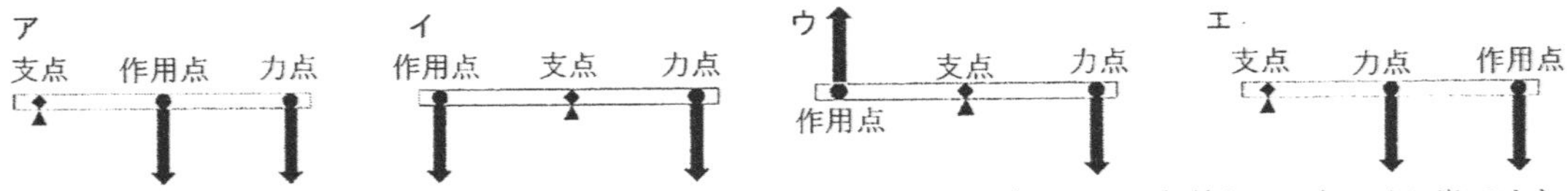

（２）下線部イについて，どのような方法が良いといえますか。表４を参考にして、解答らんの(　　)に当てはまる言葉を考えて簡単に書きなさい。

【会話文】じゃ口Ａ(図３)・じゃ口Ｂ(図４)について調べている様子

太郎：ウじゃ口Ａに比べて，じゃ口Ｂは小さな力でじゃ口を開け閉めでき，だれでも楽に使えるようになっている。

花子：何となくじゃ口Ｂのほうが小さな力で良いのは分かるね。加えた力の大きさをおもりの重さにして確かめたいな。

太郎：よし，輪じくを使って実験してみよう。

図３　じゃ口Ａ

図４　じゃ口Ｂ

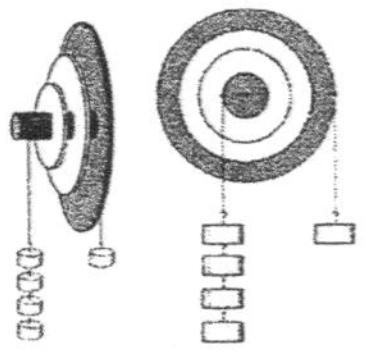
図５　輪じく

表５	小さい輪		大きい輪	
実験結果	半径	おもりの数	半径	おもりの数
１回目	1	2	2	1
２回目	1	4	2	2
３回目	1	6	2	3
４回目	1	8	2	4
５回目	2	3	3	2
６回目	2	4	3	—
７回目	2	4	4	2
８回目	2	5	3	—

【文章４】図５のように，内側のじく(半径１のじくにおもり４個)，外側の輪(半径４の輪におもり１個)におもりをつるすと，輪じくは動かずにつり合っていました。次に，小さい輪につるすおもりの数を変えて，大きい輪につるしたおもりの数がいくつのときつり合うかを調べました。別の輪じくについても同じような実験をし，結果をまとめました(表５)。

（３）実験の６回目と８回目では，大きい輪につるすおもりの数を何回変えても輪じくはつり合いませんでした。それはなぜですか。「整数」という言葉を使って，その理由を答えなさい。

（４）下線部ウの理由について，「てこ」との共通点を明らかにして説明しなさい。

(配点非公表)

令和6　解答用紙　国　語

受験番号	

問一

①	④	⑦	⑩
②	⑤	⑧	
③	⑥	⑨	

問二

問三

問四

ウ

エ

オ

【解答用

(配点非公表)

受験番号	

令和6　解答用紙　社　会

1

(1)	
(2)	①
	②
(3)	
(4)	
(5)	

【解答用

（配点非公表）

令和６　解答用紙　算　数

受験番号	

1

（1）		
（2）		
（3）		c m²
（4）		円
（5）		点

【解答用

（配点非公表）

受験番号	

令和６　解答用紙　理　科

1

(1)	

(2)	

(3)	

(4)	

(5)		(6)		(7)	

（1）①		（1）②	

（2）	はさみを使ってあつ紙を切るとき，より小さな力であつ紙を切るには， 〔　　　　　　　　　　　　　　　　　　　　　　〕
（3）	
（4）	

2

(1)	枚
(2)	
(3)	段目

2

(1)	
(2)	
(3)	
(4)	
(5)	
(6)	
(7)	⑤　　⑥
(8)	と　の間

問五

問六

問七

(1) A

(2) B

(3) C

令和６　**理　科**

1　次の【文章１】・【文章２】を読んで，（１）～（７）の各問いに答えなさい。

【文章１】太郎《ろう》さんは，種子が発芽する条件は何か調べるために，変える条件と変えない条件を考えながら種子を育てることにしました。このとき，育てるための容器は同じものを使い，土は肥料のふくまないものでインゲンマメの種子をいくつか植えました。表１，２はその結果をまとめたものです。

表１　太郎さんが条件をかえて育てたインゲンマメの結果

変えない条件		変える条件	結果
同じ室温の場所で育てる。	空気があるところで育てる。	水をあたえる。	すべて発芽した。
		水をあたえない。	すべて発芽しなかった。

表２　太郎さんが条件をかえて育てたインゲンマメの結果

変えない条件		変える条件	結果
水をあたえる。	空気があるところで育てる。	表１のときと同じ室温の場所で育てる。	すべて発芽した。
		表１のときとくらべて低い室温の場所で育てる。	すべて発芽しなかった。

次に太郎さんは，インゲンマメの種子を水の中に入れるとア発芽はしないのではないかと考え，土の代わりに室温と同じ温度にした水を容器に入れて試してみました。すると，予想とはちがいインゲンマメの種子は発芽しました。この結果を不思議に思い，イ太郎さんは条件をさらに加えて，インゲンマメが発芽するか試すことにしました。表３は，その結果をまとめたものです。

表３　太郎さんが条件をさらに加えて育てたインゲンマメの結果

変えない条件	変える条件	結果
同じ室温の場所で育てる。	水の中に種子を入れ，そのままにする。	全体の半分以下の種子が発芽した。
	エアーポンプで空気をおくりこんだ水の中に種子を入れる。	全体の半分以上の種子が発芽した。

（１）　表１，２の結果からインゲンマメの種子の発芽に必要な条件は何か答えなさい。

（２）　太郎さんが，条件を一つだけ変えてそれ以外の条件を変えないのはなぜか答えなさい。

（３）　下線部アのように太郎さんは考えたのはなぜか答えなさい。

（４）　表３の結果から，インゲンマメの発芽についてどのようなことがいえるか，下線部イのように，太郎さんがさらに加えた条件の意味を考えながら答えなさい。

【文章２】花子さんは星座の観察を行うことにしました。夏休みのはじめのころ，午後８時に北の空を見るとカシオペヤ座を見つけたので，観察をすることにしました。カシオペヤ座は，北の空のウほぼ動かない星の右下あたりにありました（図１）。しばらく観察していると，カシオペヤ座は，ほぼ動かない星を中心に反時計回りに動いており，午後11時には図１のＡの場所に動きました。その後，もう一度観察すると，エカシオペヤ座はＡの位置からＢの場所に90度動いていました。調べてみると，北の空の星座は，ほぼ動かない星を中心に約一日かけて反時計回りに一周し，もとの位置に戻ってくることがわかりました。

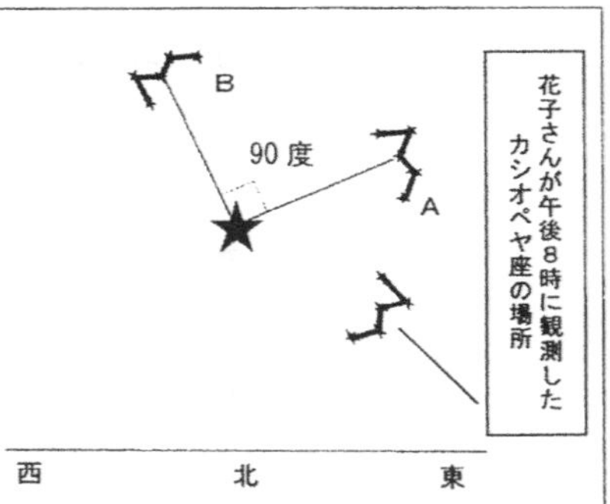

図１

（５）　下線部ウの星の名前を答えなさい。

（６）　花子さんが午後８時に見たカシオペヤ座は，図１のＡの位置まで約何度移動しましたか。もっともふさわしいものを次のア～エから一つ選び，記号で答えなさい。

ア　約１５度　　イ　約３０度　　ウ　約４５度　　エ　約６０度

（７）　下線部エのようにカシオペヤ座が動いたとすると，花子さんがカシオペヤ座を見た時間は何時であったと考えられますか。もっともふさわしいものを次のア～エから一つ選び，記号で答えなさい。

ア　午前２時　　イ　午前３時　　ウ　午前４時　　エ　午前５時

令和６年度　問題用紙

理科

(※理科と算数２科目45分)

- ●指示があるまで開いてはいけません。
- ●問題用紙を開いたら，問題用紙・解答用紙の右上のらんに受験番号（数字）を記入しなさい。
- ●解答は解答らんに記入しなさい。
- ●ていねいな文字で，こくはっきりと書きなさい。
- ●「始めなさい」の合図で始めなさい。
- ●「終わりなさい」の合図で筆記用具を置きなさい。

滋賀大学教育学部附属中学校

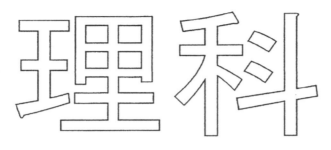

令和６　算　数

１　次の（１）～（５）の各問いに答えなさい。

（１）４×３－12÷２　を計算しなさい。

（２）太郎《ろう》さんは１÷７＝0.1428571…は無限に続く小数になっていることに気が付き，それには規則性があることを見つけました。他の数字について調べたところ，５÷13でも同じような規則性が見られました。その規則性を利用して５÷13の小数第2024位の数を求めなさい。

（３）右の**図１**のように，ＢＣを直径とする半円と，１辺の長さが６ｃｍの正三角形ＡＢＣがあります。このとき，図の黒くぬられた部分の面積を求めなさい。ただし，円周率は3.14としなさい。

図１

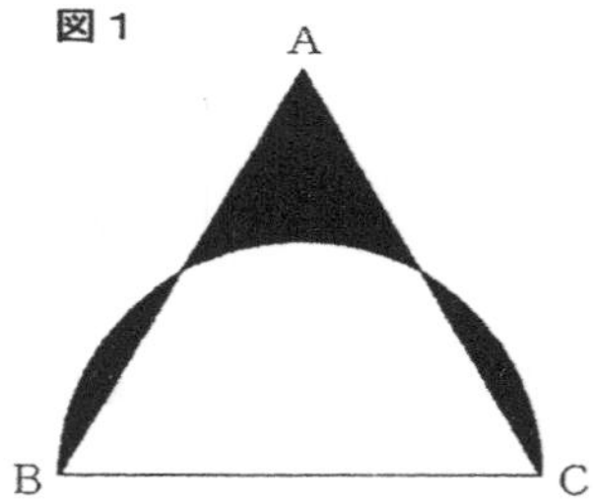

（４）ある博物館の入場料金は，大人一人900円，子ども一人600円です。ただし，大人が２人以上いる場合，大人一人あたりの料金が３割《わり》引きになり，子どもが５人以上いる場合，子ども一人あたりの料金が10%引きになります。大人の入場料金の合計と子どもの入場料金の合計が等しくなる最小の金額はいくらのときですか。

（５）ある学校のＡ組の人数は30人で，算数のテストの平均点が54点でした。Ｂ組の人数は24人で，同じテストの平均点が63点でした。Ａ組とＢ組を合わせた算数のテストの平均点を求めなさい。

K 教英出版

令和６年度　問題用紙

算数

（※算数と理科２科目45分）

●指示があるまで開いてはいけません。

●問題用紙を開いたら，問題用紙・解答用紙の右上のらんに受験番号（数字）を記入しなさい。

●解答は解答用紙の解答らんに記入しなさい。

●ていねいな文字で，こくはっきりと書きなさい。

●「始めなさい」の合図で始めなさい。

●「終わりなさい」の合図で筆記用具を置きなさい。

滋賀大学教育学部附属中学校

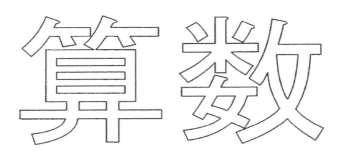

令和６　**社　会**

１　太郎《ろう》さんは，おじいさんが滋賀県で米作りをしていることに興味を持ち，調べることにしました。このことについて（１）～（７）の各問いに答えなさい。

（１）**資料１**の①～④に入る作業のうち，③に入る作業を次の**ア**～**エ**から一つ選び，記号で答えなさい。

ア　稲かり　　**イ**　田植え

ウ　だっこく　**エ**　田おこし

資料１　太郎さんが調べた米作りの一年間

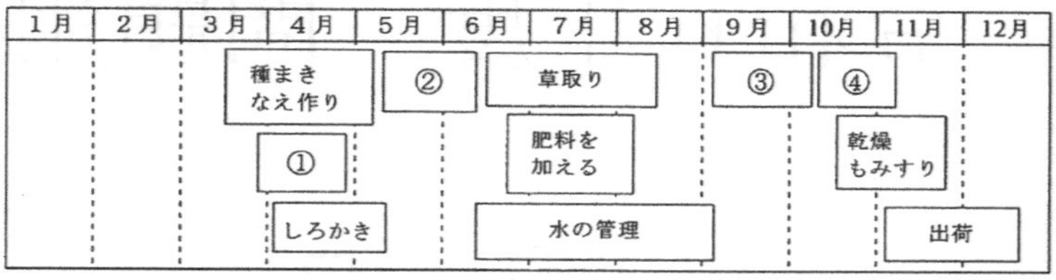

（２）おじいさんは米作りが昔と今で変わったと言います。

①**資料２**をもとに水田がどのように変わったか，説明しなさい。

②水田を**資料２**のように変えた目的を，**資料２**のおじいさんの話を参考にして説明しなさい。

資料２　水田の変化と米作りについて聞いた話

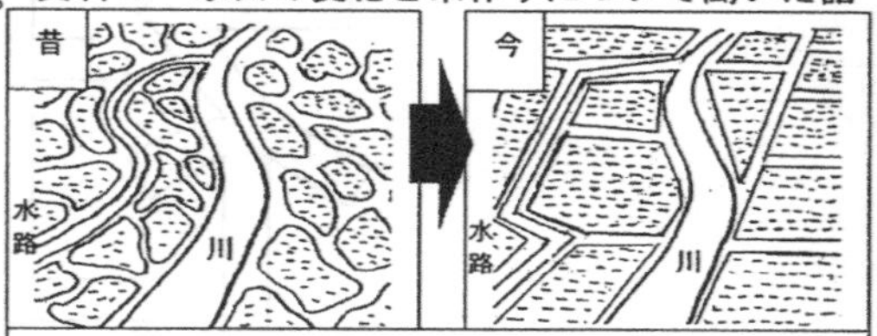

おじいさんの話

「昔は家族みんなが田に出て稲かりをしたもんだ。今はコンバインがあるから私一人でもやれるよ。」

（３）おじいさんはスマートフォンを使って水の管理を始めました。これによって起こる変化として適さないものを次の**ア**～**エ**から一つ選び，記号で答えなさい。

ア　水田から離れた場所から水量を調節できる。

イ　水田に行き，直接見て水の状況を確認できる。

ウ　多くのデータを見て適切な水量を予測できる。

エ　どこからでも水田の水温を確かめられる。

（４）おじいさんは**資料３**のような米作りをし，できた米に右の認《にん》証マークがつきます。太郎さんはいろいろないいことがあると思いノートにまとめました。**資料３**を見てノートの（　）に入る内容を答えなさい。

資料３　琵琶湖システムについての記事

「森・里・湖にはぐくまれる漁業と農業が織《お》りなす琵琶湖システム」

「魚のゆりかご水田」

昔から琵琶湖の固有種のニゴロブナは水路をのぼって水田まで来て卵を産み，育った稚《ち》魚が琵琶湖へ帰ります。水田は外来魚などの外敵《てき》が少なく，魚が育ちやすい環《かん》境です。農家は魚がのぼれる水路にし，魚が水田で育つように必要以上に農薬を使わず，化学肥料も通常の半分以下に減らしています。

（滋賀県農政水産部ホームページより）

太郎さんのノート「魚のゆりかご水田のいいところ」

・琵琶湖にとっていい…減ってきているニゴロブナが増えることにつながる。

・農家にとっていい…売るときに滋賀県の認証があるので，買う人に選ばれやすい。

・お米を買う人にとっていい…（　　　　　　　　　　　　）

（５）太郎さんは地元のお米をよく買います。遠くで作られた食材より地元の食材を食べたり使ったりする取り組みを漢字４文字で答えなさい。

（６）耕地に水田がどれだけ占めるかを表した割合が水田率です。略《りゃく》地図１は表１の都道府県をぬったものです。表１のＸに入る都道府県名を答えなさい。

（７）太郎さんは**表１**で，滋賀県以外は日本海に面し，雪が多く降る気候が米作りに必要な水につながると思いました。雪を多く降らせる季節風の向きを**略地図１**の**ア**～**エ**から一つ選び，記号で答えなさい。

表１　水田率が高い上位５都道府県

県名	水田率(%)
Ｘ	95.3
滋賀県	92.5
兵庫県	91.6
福井県	90.7
新潟県	88.8

（農林水産省資料，2019年）

略地図１　水田率が高い上位５都道府県

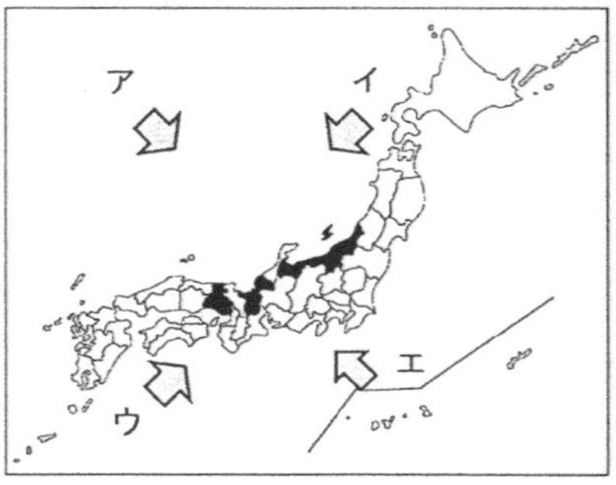

令和６年度　問題用紙

社会

（※社会と国語２科目45分）

●指示があるまで開いてはいけません。

●問題用紙を開いたら，問題用紙・解答用紙の右上のらんに受験番号（数字）を記入しなさい。

●解答は解答用紙の解答らんに記入しなさい。

●ていねいな文字で，こくはっきりと書きなさい。

●「始めなさい」の合図で始めなさい。

●「終わりなさい」の合図で筆記用具を置きなさい。

滋賀大学教育学部附属中学校

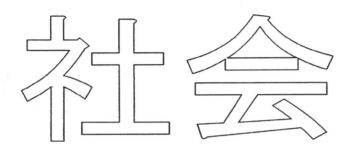

【資料三　太郎さんが調べた滋賀県内の祭りの芸能についての報告文作成のためのメモ】

○調べようと思ったきっかけ・問い

滋賀県各地の祭りに伝わる風流踊《ふりゅうおどり》がユネスコ無形文化遺産に登録され、世界から注目を集めていることを知った。そこで、滋賀県内の祭りの芸能がどう受け継がれているのかと思った。

○調べ方

図書館に行って、滋賀県の祭りに関する本を読んだ。

○調べたこと

下余呉の太鼓踊りには女子は［　A　］というしきたりがあったが、太鼓を付けておどる役割を男子に［　B　］しないことで、祭りを復活させた。長浜の子ども歌舞伎では「三役」の養成講座を開講し、指導者になってくれる人を育てている。このように、下余呉の太鼓踊りでは性別を［　B　］せず、長浜子ども歌舞伎の「三役」の養成講座では、地域を［　B　］しない。つまり、どちらの取り組みも近年参加者が少なくなっているため、［　C　］していることがわかった。

○まとめ

今回、滋賀県の祭りを調べてみて、中身に応じた地域ごとの工夫があると感じた。これからも近くの祭りを調べて文化を広く知らせることを心がけたい。

問一　**資料一**・**資料二**の～～線①～⑩のカタカナを正しい漢字に直しなさい。また、送り仮名がある場合、その部分はひらがなで書くこと。

問二　［イ］・［カ］にあてはまる言葉について、もっともふさわしい組み合わせを後の1～4から一つ選び、番号で答えなさい。

1　イ　さらに　―　カ　しかし
2　イ　また　―　カ　つまり
3　イ　しかし　―　カ　そして
4　イ　つまり　―　カ　しかし

問三　―線ア「その」とありますが、これは何をさしますか。十～十五字以内で答えなさい。

問四　―線ウ～オについて、それぞれのできごとの―線部分の原因にあたる内容が**資料一**の本文中にある場合は○を、ない場合は×を解答らんに書きなさい。

問五　―線キ「チャレンジ」のように、外国の言葉から日本語として取り入れられたものを何といいますか。漢字三字で答えなさい。

問六　―線ク「下余呉での復活と継承には大きかったのではないかと考えている」とありますが、復活と継承にはなにが大きかったと筆者は考えていますか。もっともふさわしいものを、後の1～4から一つ選び、番号で答えなさい。

1　さまざまな地域を調査し、他の祭りとはちがった個性をきわ立たせるべきだという考え。
2　何が祭りのよさなのかをふり返り、他の地域にも広めていけばよいという考え。
3　優《ゆう》先すべきことがらを明確にして、昔からのしきたりを変えればよいという考え。
4　地域の人口を増やす取り組みを考え、祭りの規模を大きくしていけばよいという考え。

問七　**資料三**について以下の問いに答えなさい。

(1)　**資料三**の［A］にあてはまる内容を**資料一**の内容を参考にして十字～十五字で書きなさい。

(2)　**資料三**の［B］にあてはまる言葉を漢字二字で考えて答えなさい。

(3)　**資料三**の［C］にあてはまる言葉を**資料三**の空らんに合うように、二十字以内で答えなさい。ただし、「担い手」という言葉を使うこと。

令和５年度　問題用紙

国語

（※国語と社会２科目45分）

●指示があるまで開いてはいけません。

●問題用紙を開いたら，問題用紙・解答用紙の右上のらんに受験番号（数字）を記入しなさい。

●解答は解答用紙の解答らんに記入しなさい。

●ていねいな文字で，こくはっきりと書きなさい。

●「始めなさい」の合図で始めなさい。

●「終わりなさい」の合図で筆記用具を置きなさい。

滋賀大学教育学部附属中学校

2023(R5) 滋賀大学教育学部附属中
K 教英出版

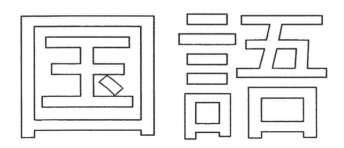

受験番号	

次の**各資料**を読んで、後の問一から問八に答えなさい。なお、句読点は一字に数えます。

【資料一　本文】

お詫び
著作権上の都合により、文章は掲載しておりません。
ご不便をおかけし、誠に申し訳ございません。
教英出版

＊受忍…（不利益や不便を）がまんしなければならないこと。
＊費用対効果…ある取り組みに費やした費用に対して、どれくらいの効果を得られたのかということ。

（中井克樹「古代湖琵琶湖が直面する固有種と外来種をめぐる問題」『K no. 002　特集・琵琶湖四〇〇万年のいとなみ』二〇二一年九月刊より。引用者一部改。）

【資料二　太郎《ろう》さんが百科事典で調べた「外来種」と「在来種」についてのメモ】

外来種	人間の手によって移動され、本来住んでいなかった地域《いき》に根づいた動植物。
在来種	昔からその地域の自然でくらしてきた種。ある地域で長い年月にわたり、飼育・栽培《さいばい》されてきたものも含む。

【資料三　太郎さんと花子さんが学習グループで琵琶湖のオオクチバスについて話し合っている様子】

太郎　琵琶湖では、電気ショッカーボートの導入でオオクチバスを取りのぞいていることがわかりました。船から電流を流し、そのショックで一時的に動けなくなった魚たちの中から、オオクチバスだけを引きあげます。

花子　電流を流したら、在来種まで減ってしまうのでは、と心配です。外来種を釣《つ》ったときは、魚を琵琶湖にもどさないという、釣り人にむけた取り組みに力を入れたほうがよいのではないですか。

太郎　電気ショッカーボートで流す電流は、在来種の生存にできるだけ影響がないよう考えられています。実際に、取りのぞいたオオクチバスの量は増加し、在来種の数は回復傾向がみられたそうです。

花子　なるほど。そう考えると、電気ショッカーボートの導入はよい方法

受験番号	

2 花子さんは，身近な法律《りつ》への関心から歴史の授業で学んだきまりの内容を下のような**ノート**にまとめました。このことについて（1）～（7）の各問いに答えなさい。

花子さんのノート　【問い】どうしてきまりが定められたのだろう

きまりと時代	背　景	きまりの内容	目　的
A　十七条の憲《けん》法 （飛鳥時代）	各地で豪《ごう》族が強い力を持ち，豪族どうしが争う。	・争いをやめて仲よくしなさい。 ・天皇《のう》の命令を守りなさい。	（　①　） をめざす。
B　律令《りつりょう》 （飛鳥時代）		・すべての土地と人民を天皇が治める。 ・農民が国におさめる税の制度を統一する。	
C　刀狩令《かたながりれい》 （安土桃山時代）	武器を持って立ち上がったり，武士や町人になったりする百姓《ひゃくしょう》がいる。	・百姓が弓・刀・やり・鉄砲《ぽう》などの武器を持つことを禁止する。武器をたくわえ，年貢《ねんぐ》をおさめず一揆《いっき》をくわだてる者は罰《ばつ》する。	②百姓の一揆を防ぎ，農業に専《せん》念させる。
D　（　④　） （江戸《えど》時代）	大名たちが全国各地でそれぞれの領地を持ち，支配をしている。	・城を修理する場合は，幕《ばく》府に届《とど》け出ること。 ・大名は幕府の許可なく結婚《こん》してはならない。 ・（　⑤　）が，大名は領地と江戸に一年ごとに交代で住むきまりを後から追加した。	幕府が強い力で全国の大名を支配し，安定した世の中にする。

（1）花子さんは「どうしてきまりが定められたのだろう」という問いを立て，「目的があったからではないか」と考えました。**A・B**のきまりはどのような国を作る**目的**で定められたのか，**ノートの背景**を参考に，「中心」という言葉を使って（　①　）に入る内容を答えなさい。

（2）花子さんは，**C**の**②**の下線部が次の江戸時代の社会づくりへつながるのではないかと思いました。右の文の［　③　］に入る漢字２文字の語句を答えなさい。

> 江戸時代は，武士と百姓や町人の［　③　］がはっきり分けられ，これをもとに武士が支配する社会。

（3）**花子さんのノート**で**D**のところには空らんがあります。（　④　）に入るきまりの名前と（　⑤　）に入る人物名を答えなさい。

（4）花子さんは，新たに学んだことから**資料１**のメモを書きました。**資料１**の時代を**ア～エ**から一つ選び，記号を答えなさい。

ア　室町時代　**イ**　鎌倉《かまくら》時代　**ウ**　奈良時代　**エ**　平安時代

資料１　花子さんのメモ

> 幕府が開かれて武士が中心となって政治を動かし，将軍《しょうぐん》と武士のご恩《おん》と奉公《ほうこう》の関係や武士の政治に合わせたきまり，制度，裁《さい》判の基準を定めた。

（5）花子さんは，日本国憲法についての**資料２**を見て，私たちの大事な権《けん》利を守る目的が憲法にはあると思いました。**資料２**の内容が示す日本国憲法の３つの原則のうちの一つを答えなさい。

資料２

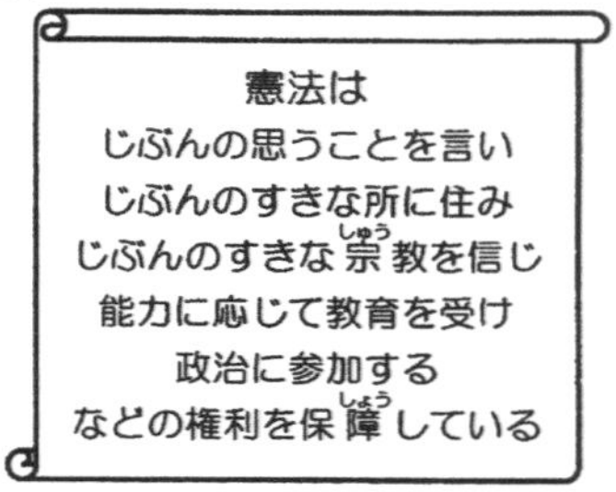
憲法は
じぶんの思うことを言い
じぶんのすきな所に住み
じぶんのすきな宗《しゅう》教を信じ
能力に応じて教育を受け
政治に参加する
などの権利を保障《しょう》している

（「あたらしい憲法のはなし」より作成）

（6）花子さんは，日本国憲法には国民の権利を守るために権力を集中させず，仕事を分担《たん》しあう**資料３**のしくみがあると知りました。このしくみを漢字４文字で答えなさい。

資料３

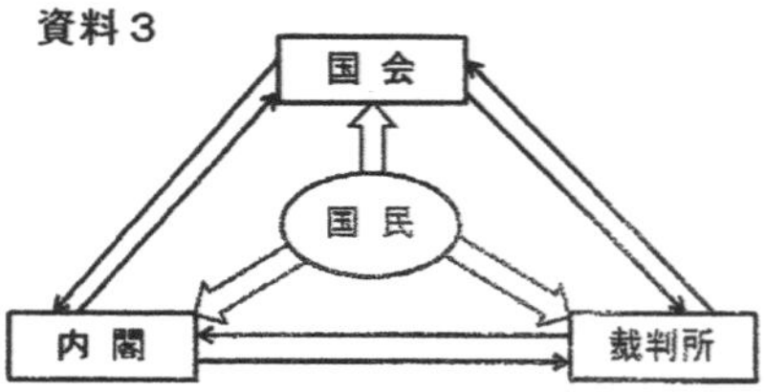
国会
国民
内閣
裁判所

（7）花子さんは，**資料３**の図にある裁判所で，2009年から国民も参加する裁判員制度が始まったと知りました。裁判に国民を参加させる目的を答えなさい。

受験番号	

（５）サッカーワールドカップ，カタール大会では，４か国で１つのグループ（日本は，ドイツ，スペイン，コスタリカと同じグループ）を組み，各グループは，そのグループ内のすべての国と対戦しました。グループは全部で８つありました。そして，各グループの勝敗の結果から，上位２か国が決勝トーナメント戦に進みます。決勝トーナメント戦では，一対一で戦い，勝ったほうが勝ち上がり，この勝者がワールドカップチャンピオンとなりました。この大会において，すべての試合を見ようと思うと，チャンピオンが決まるまで，合計何試合の試合を見ることになるのか答えなさい。ただし，試合の時間に重なりがないものとし，決勝トーナメント戦では，３位決定戦は行わないものとします。

２ 図４のような，縦《たて》が５cm，横８cmの長方形ＡＢＣＤがあります。次の（１），（２）の各問いに答えなさい。

図４

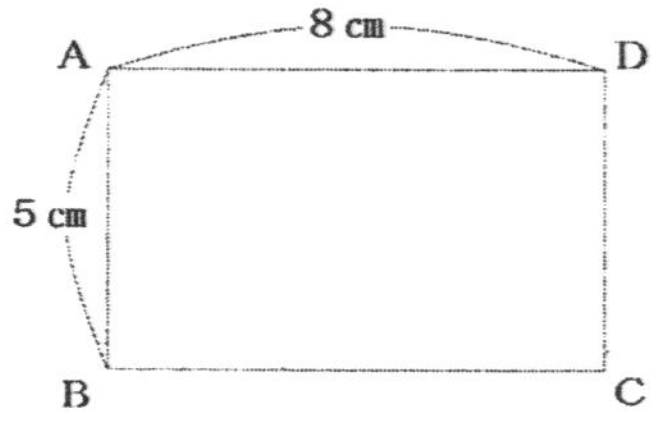

（１）点Ｐは毎秒１cmの速さでＤからＣ，Ｂ，Ａ，Ｄ，…と動き続け，点Ｑは毎秒３cmの速さでＢからＡ，Ｄ，Ｃ，Ｂ，…と動き続けます。２点Ｐ，Ｑが同時に出発するとき，次の①，②の各問いに答えなさい。

①３秒後の三角形ＰＱＤの面積を求めなさい。

②点Ｐと点Ｑが２回目に重なるのは，２点Ｐ，Ｑが出発してから何秒後か答えなさい。

（２）２点Ｐ，ＱがＢを同時に出発し，点Ｐは毎秒１cmの速さで辺ＡＢ上をＢからＡまで動き，点Ｑは毎秒３cmの速さでＢからＡを通ってＤまで動きます。また，２点Ｐ，Ｑが出発すると同時に点ＲがＣを出発し，辺ＢＣ上をＣからＢまで一定の速さで動きます。
この間，**図５**のようにＡＱの長さが５cmのときに，三角形ＰＱＲがＱＰとＱＲの長さが等しい二等辺三角形となりました。
点Ｒの速さを求めなさい。

図５

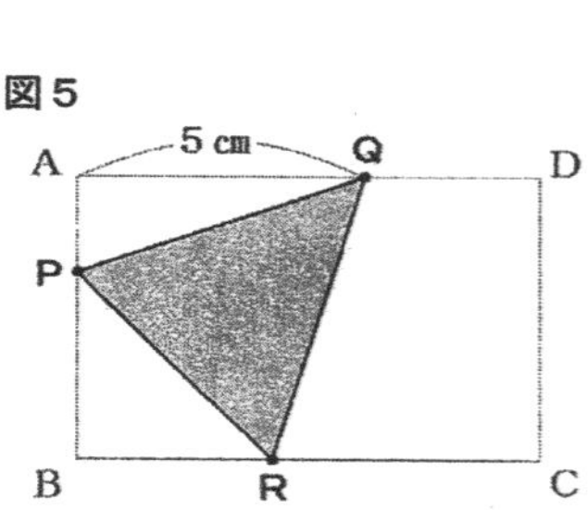

受験番号	

2 次の【文章】や【実験】は，太郎さんが疑《ぎ》問に思ったことを学校で先生に質問し，実験をしたときのようすです。これを読んで，（1）～（4）の各問いに答えなさい。

【文章】

太郎さんは，インスタントラーメンを食べるために，やかんでお湯をわかしました。やかんの注ぎ口から①白い湯気が確認《にん》できたので，ガスコンロの火をとめました。お湯がわくまで約20分もかかりました。太郎さんは，もっと早くインスタントラーメンを食べたかったので，お湯を早くわかす方法を学校で先生に聞くことにしました。次の【会話文】は，そのときのようすです。

【会話文】

太郎：先生，お湯を早くわかすためにはどうすればいいですか。

先生：お湯を早くわかすには，ガスコンロの火力を強くすればよいと思います。

太郎：ガスコンロの火力を強くするのはちょっとこわいな。火力を強くするほかに方法はありませんか。

先生：（　　　　　②　　　　　）ことをすればいいと思います。

太郎：ありがとうございます。ぜひ家でやってみようと思います。ちなみに，火力を強くしたとき，熱した時間と水の温度変化の関係はどのようになるのですか。

先生：一人で実験を行うのは危《き》険だから，放課後に科学部のみんなと実験をやってみましょう。先生と科学部のみんなで太郎さんの実験を見守ることにします。

（1）【文章】の下線部①について，この白い湯気は水がどの状態であるといえますか。次のア～ウから一つ選び，記号で答えなさい。　　ア　固体　　イ　液体　　ウ　気体

（2）【会話文】の②にあてはまる言葉を答えなさい。ただし，太郎さんは，同じガスコンロとやかんを使い器具の数を増やさず，同じ火力でお湯をわかすこととします。

【実験】

太郎さんは，図1のような実験装《そう》置を用意し，実験装置のガスコンロの火力を強火にし，水を熱しました。そのときの水の温度とフラスコの中のようすについて5分ごとに記録し，表1にまとめました。また，表1をもとに，図2のグラフを作成しました。

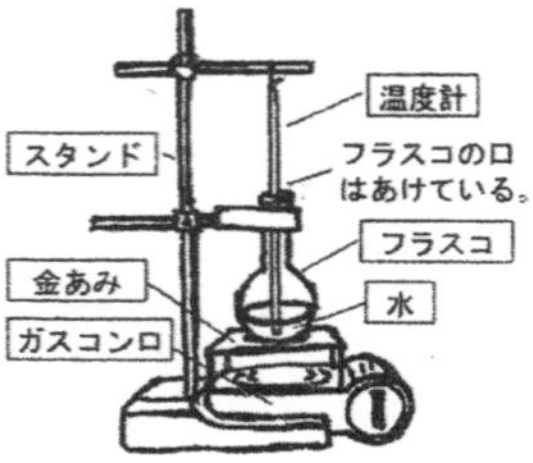

図1

【結果】

表1　熱した時間と水の温度の関係とフラスコの中のようす

熱した時間	水の温度	フラスコの中のようす
0分	10℃	変化はなかった
5分	52℃	フラスコ内がしめった
10分	90℃	水の中から大きなあわがでた
15分	98℃	水の中からあわがたくさんでた
20分	99℃	水の中からあわがたくさんでた
25分	99℃	水の量が減った

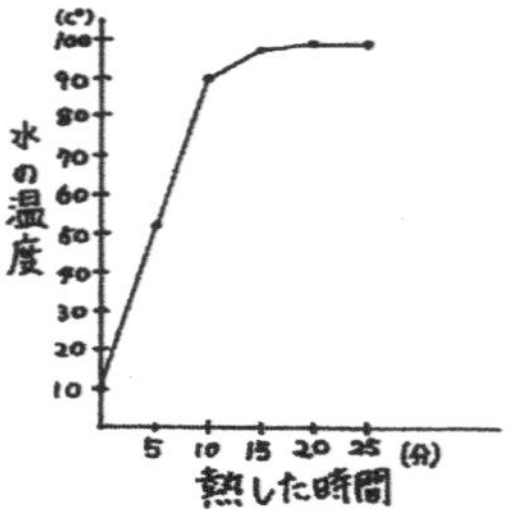

図2　太郎さんが作成したグラフ

（3）図1の実験装置でフラスコの口はあけています。次の文章はその理由を説明したものです。次の文章の③と④にあてはまる言葉を答えなさい。

ゴムせんなどでふたをすると（　　　　　③　　　　　）ため危《き》険です。そのようになるのは，（　　　　　④　　　　　）からです。

（4）太郎さんが行った【実験】だけでは，火力のちがいによる水の温度の上がり方とフラスコの中のようすを細かく調べるには足りないところがあります。どのような実験をおこない，どのように記録をとればよいですか。説明しなさい。

（配点非公表）

令和５　解答用紙　国　語

受験番号	

問一

①

②　す

③

④

⑤

⑥

⑦　り

⑧

⑨

⑩

問二

問三

はじめ

終わり

問四

問五

外来種。

【解答用

（配点非公表）

令和５　解答用紙　社　会

受験番号	

1

（1）		（2）	

（3）	
（4）	

（5）

（6）

【解答用

（配点非公表）

令和５　解答用紙　算　数

受験番号	

1

(1)	

(2)	A店　・　B店　(選んだ方に○をつけてください。)
	[説明]

【解答用

（配点非公表）

令和５　解答用紙　理　科

受験番号	

1

(1)	

(2)	

(3)	

(4)	

(5)	

(6)	

2

(1)	

(2)	

(3)	③	
	④	

(4)	

(4)	附 □ 属

(5)	試合

2

(1)	① cm²

(1)	② 秒後

(2)	毎秒 cm

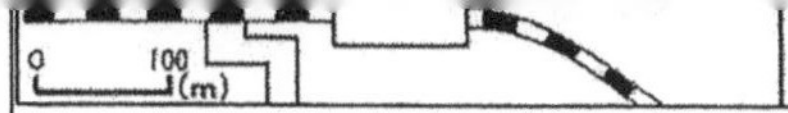

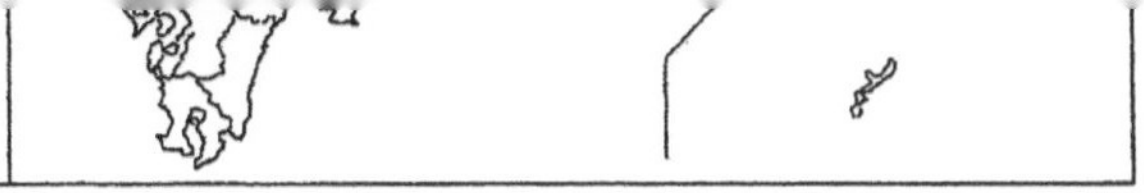

2

(1)		
(2)		
(3)	④	⑤
(4)		
(5)		
(6)		
(7)		

問六

が生息する。

問七

問八

(1)

ク

ケ

(2)

電気ショッカーボートを用いると、在来種を

から。

令和５　理　科

１　次の【会話文１】と【会話文２】を読んで，（１）～（６）の各問いに答えなさい。

【会話文１】

先生：昔から，日本にはお月見をする習わしがあります。秋の時期には，満月を見ますね。

花子：月の表面にはクレーターと呼ばれるくぼみがあります。また，月の表面にあるもようを日本ではウサギの姿と見ることもありますね。なぜ月の形は満月だけでなく，さまざまな見え方をするのかな。

太郎《ろう》：お月見の時にかざるススキについてあまりくわしく知らないな。ススキも花を咲かせたり，実や種子をつけたりするのかな。くわしく調べてみたいな。

【太郎さんが調べてわかったこと】

ススキの穂《ほ》は，ススキの花が集まったものです。花が咲いてから実ができると，まわりにふさふさとした毛が**図１**のように広がってくることがわかりました。また，月は太陽の光の当たり方によって地球からの見え方が変わることがわかりました。

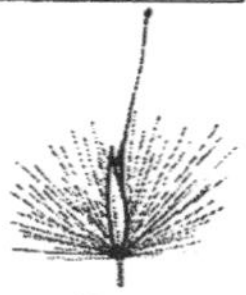

図１

（１）太郎さんは，ススキの実の特ちょうから「実の運ばれ方」には都合の良い点があると気づきました。太郎さんが気づいたこととは，どのようなことですか。ススキの実の特ちょうに触れて書きなさい。

（２）ススキの花について考えられるものを，次の**ア**～**ウ**から一つ選び，記号で答えなさい。

ア　日照時間が長くなり，連続した暗い時間が短くなると開花する。

イ　日照時間が短くなり，連続した暗い時間が長くなると開花する。

ウ　温度が高くなると花が開花し，低くなると閉じる。

（３）花子さんは月の形の見え方について調べるために，暗くした部屋で白いボールに支えの棒《ぼう》を立てた後，太陽に見立てた電灯の光を当て，カメラで写真をとりました。**図２**の**ア**の方向から写真をとると，ボールが満月のように見えました。このとき，電灯の光を当てた方向を，**図２**の**ア**～**ク**から一つ選び，記号で答えなさい。

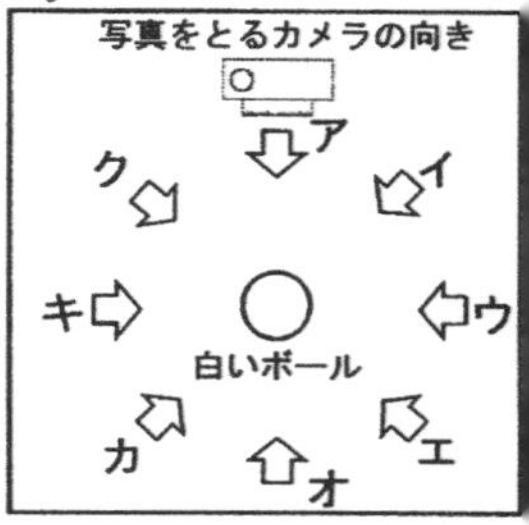

図２

（４）**図２**の**ア**の方向から写真をとることは変えずに，電灯を置く位置だけを変えると，ボールは**図３**のように見えました。電灯の光を当てた方向を，**図２**の**ア**～**ク**から一つ選び，記号で答えなさい。

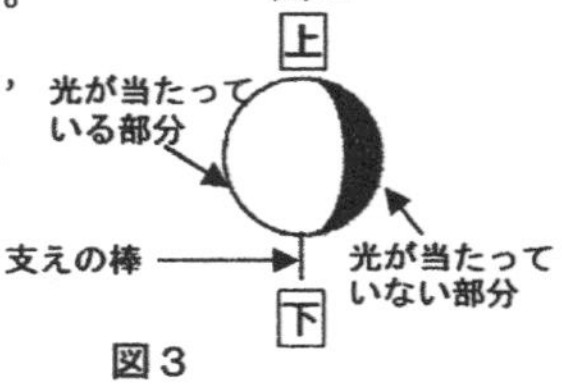

図３

【会話文２】

花子：飼育小屋にいるウサギのうしろあしをよく見ると，ヒトの足とは全くつくりがちがいます。同じ動物でも，ウサギとヒトでは，体のつくりと運動とのかかわりもちがうのでしょうか。

先生：いいえ，**図４**をよく見てください。ウサギもヒトも，体の骨《ほね》のつくりはほとんど同じです。もう少しくわしく調べてみてはどうですか。

ウサギの骨格(模式図)

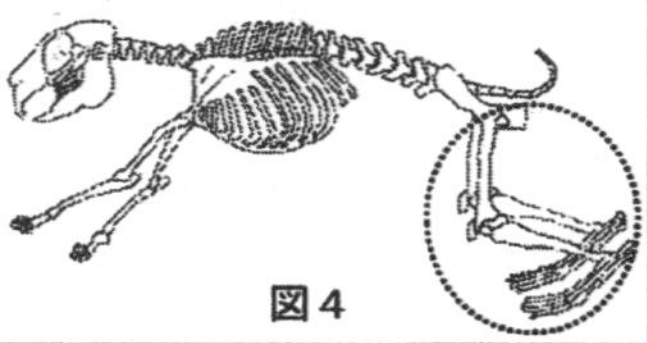

図４

（５）**図４**に見られる，あしを曲げたりのばしたりすることができる骨と骨のつなぎ目を何といいますか。

（６）花子さんは，ウサギのあしが曲がるしくみを説明するために，**図４**の◌で示す部分について，**図５**のような模《も》型をつくりました。あしが曲がるしくみについて，どのようなことがわかりますか。次の**ア**～**ウ**から一つ選び，記号で答えなさい。

ア　１と２の筋肉が同時にちぢむと，あしは曲がること。

イ　１の筋肉がちぢむと，２の筋肉がゆるみ，あしが曲がること。

ウ　２の筋肉がちぢむと，１の筋肉がゆるみ，あしが曲がること。

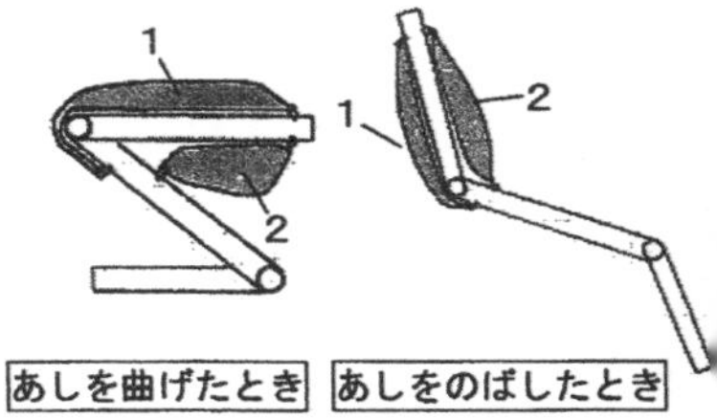

図５

令和５年度　問題用紙

理科

（※理科と算数２科目45分）

●指示があるまで開いてはいけません。

●問題用紙を開いたら，問題用紙・解答用紙の右上のらんに受験番号（数字）を記入しなさい。

●解答は解答用紙の解答らんに記入しなさい。

●ていねいな文字で，こくはっきりと書きなさい。

●「始めなさい」の合図で始めなさい。

●「終わりなさい」の合図で筆記用具を置きなさい。

滋賀大学教育学部附属中学校

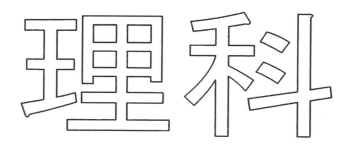

令和５　算　数

１　次の（1）～（5）の各問いに答えなさい。

（1）24－12÷４×３

（2）太郎《ろう》さんは，１月になり寒くなってきたので手袋《ぶくろ》を買おうと考えました。太郎さんが欲《ほ》しかった手袋について，近くのお店を調べたところ，A店では，普《ふ》段は定価の 20%引きで売っていましたが，今ならその売値《ね》からさらに 10%引きで購《こう》入できることがわかりました。B店では，A店と同じものが，今なら定価の 30%引きで購入できることがわかりました。どちらのお店で購入するほうが安く買えるでしょうか。A店，B店のどちらか答え，その理由も説明しなさい。

（3）図１のような，半径５ｃｍ，高さが 10ｃｍの円柱の筒《つつ》があり，この筒の点Aから点Bへ向けて，表面上にそってたるまないようにひもを巻《ま》きつけたところ，ちょうど２周巻きつけることができました。このひもにそって筒を切り開いて広げた図形の面積を，円周率を３．１４として求めなさい。

図１

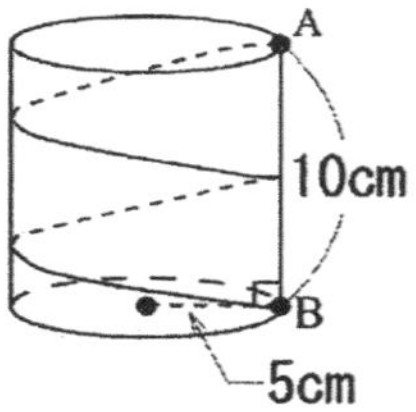

（4）図２のように，「あ，い，う，え，お，か」とひらがなが１文字ずつ書かれた展《てん》開図を文字が表になるように組み立て，１つのさいころを作ります。このさいころを，マス目の左すみに「あ」の文字が図３のような向きで上の面にくるように置き，矢印で書かれた順番にマス目を，すべることなく転がって動かします。このさいころがAのマス目まで動いたとき，さいころの上の面のひらがなを，解答用紙の正方形の中に，向きに気をつけて書きなさい。

図２

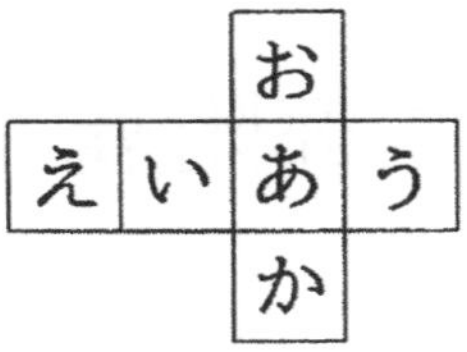

図３

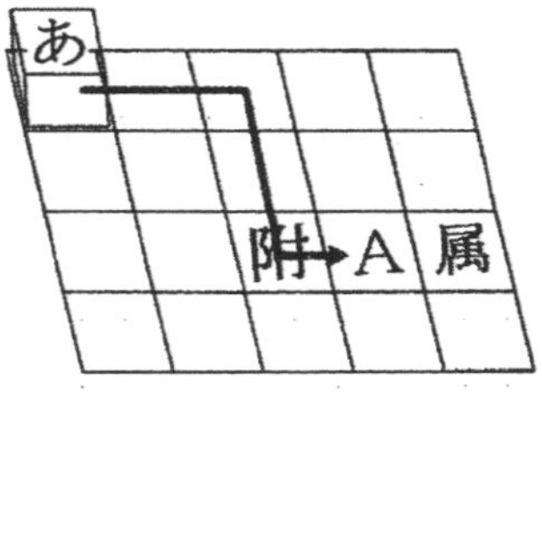

令和５年度　問題用紙

算数

（※算数と理科２科目45分）

●指示があるまで開いてはいけません。

●問題用紙を開いたら，問題用紙・解答用紙の右上のらんに受験番号（数字）を記入しなさい。

●解答は解答用紙の解答らんに記入しなさい。

●ていねいな文字で，こくはっきりと書きなさい。

●「始めなさい」の合図で始めなさい。

●「終わりなさい」の合図で筆記用具を置きなさい。

滋賀大学教育学部附属中学校

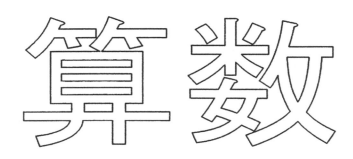

令和５　社　会

１　太郎《ろう》さんは，お好み焼きの材料である小麦粉とエビを，スーパーマーケット・Ａストアへ買いに行くように，お家の人から頼《たの》まれました。このことについて（１）～（６）の各問いに答えなさい。

（１）太郎さんは，Ａストアの駐《ちゅう》車場で**写真１**のマークを見つけました。このマークが何を表しているか，次の**ア**～**ウ**から一つ選び，記号で答えなさい。

ア　買い物かごを置くためのスペースを表している。
イ　災害が起こったときに避難《ひなん》する場所を表している。
ウ　身体に障《しょう》がいのある人のための駐車スペースを表している。

写真１

（２）太郎さんは，ペットボトルの水を買い，飲み終わった後に回収箱《ばこ》へ入れました。ペットボトルはその後，工場へ運ばれて資源《げん》になり，プラスチック製品の原料になります。このことを何といいますか。カタカナ５文字で答えなさい。

（３）太郎さんは，お店に並《なら》ぶ小麦粉の値段《ねだん》が，お家の人から聞いていた値段よりも高くなっていることに驚《おどろ》きました。そこで，調べてみたところ，**資料１～３**を見つけました。なぜ，小麦の値段が高くなったのか，**資料１～３**をみて説明しなさい。

資料１　国産小麦と輸入小麦の割合《わりあい》

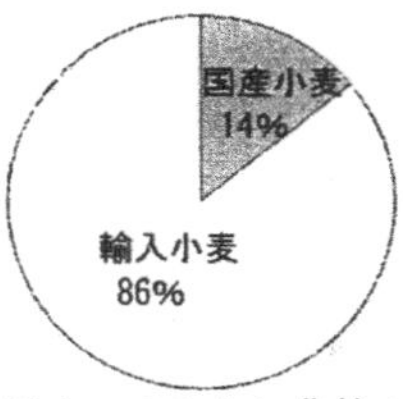

資料２　小麦の主な輸入相手国とその国がしめる割合

輸入相手国	割合
アメリカ	49.8%
カナダ	33.4%
オーストラリア	16.8%

（資料１・２ともに農林水産省「令和３年度麦の需《じゅ》給に関する見通し」より作成）

資料３　ある日の新聞記事

○○新聞
発行・○○新聞社
20XX年
□月△△日

北アメリカ大陸で異《い》常気象

小麦、不作の予想！

六月中ごろから、アメリカ北部からカナダにかけ高温かんそうとなり、特にオレゴン州などでは、四十七度を記録し、過去最高に並んだ。
小麦などの作物に悪影響《えいきょう》をおよぼしており、７月の小麦の生産量は、前年度に比べて、四パーセントも減少する見通しである。

（農林水産省ＨＰより作成）

（４）太郎さんが，エビを買うために鮮《せん》魚売り場へ行くと，国内産のブリやマグロなど様々な魚が売られていました。なぜ日本の近海では，多くの魚介《かい》類を獲《と》ることができるのかについて，海流に着目して右の**説明文**の（　　）をうめなさい。

説明文

日本のまわりの海には，（　　　　　　　　）があり，魚のえさとなるプランクトンが多く，それを食べにたくさんの魚が集まってくるから。

（５）太郎さんは家の前（●）からどの道を通ってＡストアへ向かいましたか。**太郎さんの日記**をもとに，解答らんの地図に道すじをなぞって示しなさい。ただし，一度通った道は通らないものとします。

太郎さんの日記

家を出て東へ向かい，神社の前で落とし物を拾ったので約100m歩いた先の，警《けい》察署《しょ》の前にいた警察官にわたしたよ。工場の北側は，大きな車が通るから危《あぶ》ないので，通らないように言われているよ。図書館の前の返却《きゃく》ポストに借りていた本を返したよ。そして，橋をわたり，郵《ゆう》便局と小学校の前を通って，北西の入口からＡストアに入ったよ。

（６）太郎さんは，「お好み焼き・焼きそば・たこ焼き」の店がたくさんある都道府県を調べました。**資料４**をみて，人口10万人当たりの店舗《ぽ》数が20店より多い都道府県をすべて選び，その場所について，解答らんの地図を黒くぬりつぶしなさい。

資料４「お好み焼き・焼きそば・たこ焼き」店の人口10万人当たりの店舗数が多い都道府県

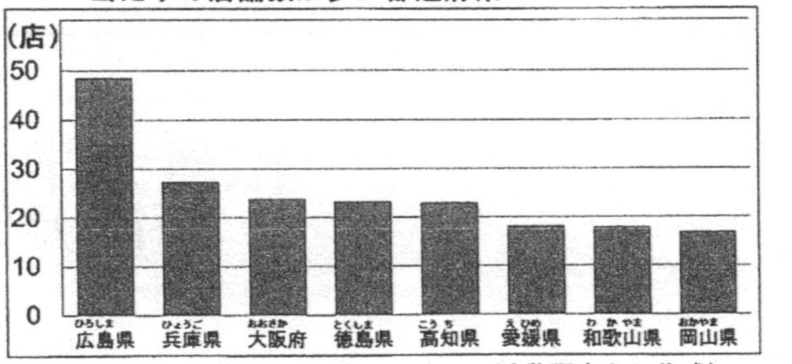

（総務省ＨＰ　平成28年経済センサス－活動調査より作成）

令和５年度　問題用紙

社会

（※社会と国語２科目45分）

●指示があるまで開いてはいけません。

●問題用紙を開いたら，問題用紙・解答用紙の右上のらんに
受験番号（数字）を記入しなさい。

●解答は解答用紙の解答らんに記入しなさい。

●ていねいな文字で，こくはっきりと書きなさい。

●「始めなさい」の合図で始めなさい。

●「終わりなさい」の合図で筆記用具を置きなさい。

滋賀大学教育学部附属中学校

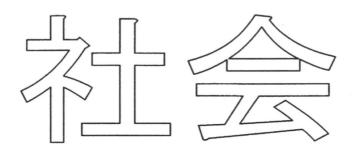

といえますね。しかし、琵琶湖にいるオオクチバスの数が、着実に[ク]しているのであれば、これ以上、人間の力による取り組みを続ける必要はあるのですか。

太郎　そもそも、外来種を連れてくることで、琵琶湖の[ケ]に大きな影響を与えたのは人間です。だから、人間が責任をもって行動すべきなのではないでしょうか。

問一　～～線①～⑩のカタカナを正しい漢字に直しなさい。

問二　[ア]・[ウ]にあてはまる言葉について、もっともふさわしい組み合わせを後の**１**～**４**から一つ選び、番号で答えなさい。

１　**ア**　そして　―　**ウ**　しかし
２　**ア**　しかし　―　**ウ**　そして
３　**ア**　しかし　―　**ウ**　つまり
４　**ア**　つまり　―　**ウ**　そして

問三　―線**イ**とありますが、「逆風に見まわれない快適な」と同じ内容を示す部分を**本文**よりぬき出し、はじめとおわりの三字を答えなさい。

問四　―線**エ**とありますが、「新参」と漢字の組み合わせの種類が同じ熟語を、後の**１**～**４**から一つ選び、番号で答えなさい。

１　読書　**２**　売買　**３**　最多　**４**　願望

問五　―線**オ**とありますが、「このような外来種」とはどのような外来種のことですか。解答らんに合うように、二十字以内で答えなさい。

問六　―線**カ**「生息」とありますが、何が「生息する」のですか。**本文**の中のもっともふさわしい言葉を用いて、解答らんに合うように、主語を答えなさい。

問七　―線**キ**とありますが、「費用対効果の低下」ととらえる人はどのような考え方をしている人だと筆者は考えていますか。もっともふさわしいものを後の**１**～**４**から一つ選び、番号で答えなさい。

１　たくさんの費用をかけているにもかかわらず、「対策の対象となる生物」が生息している数が変わらないのは問題だ。
２　たくさんの費用をかけているにもかかわらず、「対策の対象となる生物」が減らされた数が少なすぎるのは問題だ。
３　たくさんの費用をかけているのだから、「対策の対象となる生物」が減らされた数について増えたのは当然だ。
４　たくさんの費用をかけているのだから、「対策の対象となる生物」の生息している数が変わらないのは当然だ。

問八　**資料三**について以下の問いに答えなさい。

（１）**資料三**の[ク]・[ケ]にあてはまる言葉を**資料一**からそれぞれぬき出して答えなさい。

（２）**資料三**で太郎さんの説明を聞いて、電気ショッカーボートの導入がよい方法だと花子さんは考えを変えました。なぜ、考えを変えたといえますか。その理由を考えて、次の[コ]にあてはまるように三十字以内で答えなさい。ただし、「オオクチバス」という言葉をつかうこと。

・電気ショッカーボートを用いると、在来種を[　コ　]から。

令和４年度

国語

（※国語と社会２科目45分・配点非公表）

●指示があるまで開いてはいけません。

●問題を開いたら，右上のらんに受験番号（数字）を記入しなさい。

●解答は解答らんに記入しなさい。

●ていねいな文字で，こくはっきりと書きなさい。

●「始めなさい」の合図で始めなさい。

●「終わりなさい」の合図で筆記用具を置きなさい。

滋賀大学教育学部附属中学校

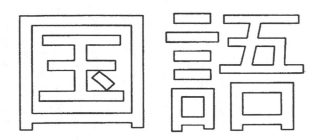

受験番号	

次の各資料を読んで、後の問一から問八に答えなさい。なお、句読点は一字に数えます。

【資料一　本文】

豊かな広葉樹《じゅ》の山を①ユウする朽木《くつ》（滋《し》賀県高島市朽木）では、昔から人々はトチノミを採集し、かさ増しを目的にコメに混ぜたり、モチ米と搗《つ》いてトチ餅《もち》をつくったりしてきた。朽木の人々にとって、トチ餅は、おみやげである前に②ジュウヨウな救荒《こう》食であり、地域《いき》の伝統食でもあった。

昭和三〇年代まで、朽木ではトチ餅が各世帯でつくられ、③ジカ消費されていた。その頃、トチ餅はつくった世帯から近隣《りん》の世帯へとふるまわれていたという。その後、食糧《りょう》④ジジョウが改善《ぜん》されたことによってトチ餅の需《じゅ》要が下がったことや、ガスを使用する世帯が増加し、トチノミのアク抜《ぬ》きに用いる［ア］の用意が難《むずか》しくなったことなどの理由により、トチ餅づくりは衰退《すいたい》した。しかし、昭和六〇年代になると、過疎《そ》化や高齢《れい》化が進む朽木でも地域［イ］の一環《かん》として、地域の「おみやげ」をつくり出すことが企《き》画されるようになった。話し合いの結果、雲洞谷《うとだに》集落の住民たちが中心となってトチ餅を商品化することが決まった。彼《かれ》らは活動の⑤ボタイとなり、かつ、補《ほ》助金の受け皿となる組合（栃《とち》餅保存《ぞん》会）を⑥ソシキした。同じ頃《ころ》、朽木の中心部において、朝市や道の駅が⑦カイセツされ、トチ餅は鯖寿司《さばず》とならぶ目玉商品として定着していった。

商品化にともなって、アク抜きはウ効率のよい「ニバイ」が選択《たく》されるようになった。また、それだけでなく、トチノミやモチ米といった材料や、加工のための灰《はい》も同様にたくさん必要になった。現在、エそれらの一部は地域の外から調達しているが、あくまで灰合わせの加工技術は、朽木の中で維《い》持されている。

［オ］、朽木に暮《く》らす人びとにとって、トチ餅は自分の家でつくるものから、朝市や道の駅で買ったり、雲洞谷集落のつくり手に注文したりするものになったという、カトチ餅の位置づけにおける変化も見られる。二〇一二年の秋の彼《ひ》岸（九月二十三日）に朝市で調査をした⑧サイ、わたしはトチ餅を買いもとめた二十一人に話を聞いた。二十一人のうち、三人は朽木に在住で、六人は本人あるいは配偶《ぐう》者が朽木の出身であった。彼らは、これから集まる親戚《せき》にふるまう目的や、⑨ハカ参りのついでに懐《なつ》かしい故郷《きょう》の味を⑩モトめてきていた。朽木出身者のなかには、トチ餅をたくさん購《こう》入して冷凍《とう》し、少しずつ楽しむと語った人もいた。おそらく、かつて朽木に暮らす人々は、彼《び》岸には餅を自ら用意し、集まる親戚にふるまっただろうし、久々に故郷に帰ってきた人びとは、それらをおみやげとして持ち帰ったことだろう。しかし今日では、トチ餅づくりは作業だけでなく材料の調達すら容易ではないことを考慮《りょ》すれば、手近に購入できるトチ餅の存在が、朽木に暮らす人々や朽木出身者にとって、とても便利な存在になっていることに違いない。

（八塚春名「トチ餅―伝統食からおみやげへ―」『朽木谷の自然と社会の変容』二〇一九年三月刊より。引用者一部改。）

【資料二　資料一の文章を読んだ太郎《ろう》さんが、実際にトチ餅をつくってみたいと思い、図書館の本で調べたトチ餅のアク抜きの方法に関するメモ】

ニバイ	トチノミを数時間煮込《にこ》んでから桶《おけ》にトチノミと灰を入れ、そこに湯をかけてこねる。
カケバイ	トチノミに湯をかけ、ふたをして一時間ほど置いた後に湯を捨《す》てる作業を三〜四回繰《く》り返し、その後に灰と合わせる。

問一　═線①〜⑩のカタカナを正しい漢字に直しなさい。

①	②	③
④	⑤	⑥
⑦	⑧	⑨
⑩		

問二　［ア］にあてはまる言葉を文中より抜き出して答えなさい。

答

問三　［イ］にあてはまる言葉について、もっともふさわしいものを後の1〜4から選び、番号で答えなさい。

1　くらべ　2　はじめ　3　おこし　4　さがし

答

受験番号	

2 花子さんは，2021年10月に第49回衆《しゅう》議院議員選挙が行われたことにより，選挙や政治のしくみに関心を持ちました。このことについて（1）～（5）の各問いに答えなさい。

（1）次の会話は，選挙が行われたときの花子さんとお兄さんとの会話です。（　　　）に当てはまるのに最も適した言葉をそれぞれ答えなさい。

花子：お兄ちゃんは，今年６月に（　①　）歳《さい》になったから，今後は選挙で投票する権《けん》利があるんだね。

兄　：そうだね。選挙する権利は日本国憲《けん》法の三つの原則の一つである（　②　）に基《もと》づくものだから，大事にしないといけないね。

①	答	
②	答	

（2）花子さんは，兄との会話を受けて年齢《れい》別の投票率を調べ，次の**グラフ**を見つけました。この**グラフ**から，年齢の高い世代と比べた若《わか》い世代の投票率の特徴《ちょう》を示し，そこから生じる課題を一つ答えなさい。

グラフ　2017年第48回衆議院議員選挙の年齢別投票率（%）

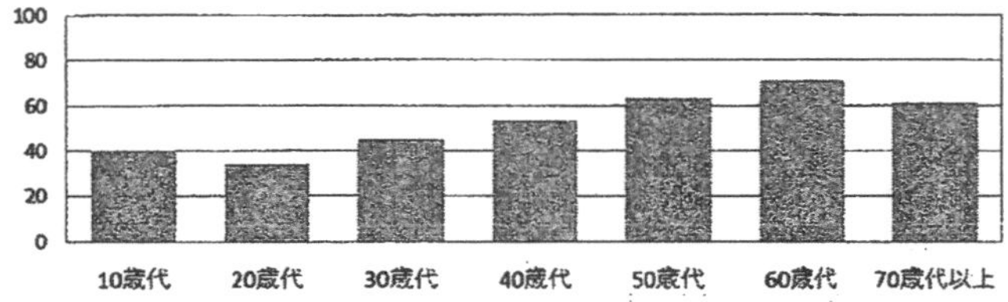

（総務省Webサイトによる）

答	特徴	
	課題	

（3）花子さんは，学校で学んでいる歴史を振《ふ》り返ると，選挙が行われていない時代が長かったと感じ，各時代の政治の体制を表にまとめました。後のAとBに示したのは何時代のことですか。時代の名前を表から選び，それぞれ答えなさい。

表　花子さんがまとめた各時代の政治の特徴

飛鳥時代	唐《とう》に習って律《りつ》令とよばれる法律をつくり，天皇《のう》が朝廷《てい》で政治を行いました。
平安時代	朝廷の政治を一部の有力な貴《き》族が動かしました。
鎌《かま》倉時代	<u>武士が天皇に認《みと》められて</u>，鎌倉幕《ばく》府を開いて政治を行いました。
江《え》戸時代	<u>武士が天皇に認められて</u>，江戸幕府を開いて政治を行いました。
現在	国民の代表者を選挙で選ぶことによって，国の政治を進めています。

A　キリスト教を禁止する中で，キリストの像を踏《ふ》む絵踏みを行って信者を発見しようとするなど，厳《きび》しい取りしまりを行いました。

B　「小倉百人一首」にも取り上げられている紫《むらさき》式部は，滋賀県の石山寺で「源《げん》氏物語」を書いたといわれています。

A	答	時代
B	答	時代

（4）表の<u>下線部</u>について，天皇に認められて幕府を開くことができた武士の役職を，次のア～エから一つ選び，記号で答えなさい。

ア　征夷《せいい》大将《しょう》軍　　イ　大名　　ウ　遣《けん》唐使　　エ　執権《しっけん》

答	

（5）飛鳥時代から江戸時代までと現在とを比べると，政治の権《けん》力を持つ人がどのように変わってきたといえますか。表を参考にして答えなさい。

答	

受験番号	

（6）１周１．６kmある池のまわりを，兄は分速80m，弟は分速50mの速さで，同じ地点を同じ方向に午前９時ちょうどに出発しました。兄は止まらず進みましたが，弟は出発してから８分後，その場で４分間休憩《けい》し，その後，反対方向に向きを変え，同じ速さで進みました。この後，兄と弟が最初に出会う時こくは午前何時何分か答えなさい。

答	午前　　　　時　　　　分

２ 右の表は，６年１組で行った10点満点の算数のテストの結果を度数分布表にまとめたものです。このテストの平均点は，５．５点でした。次の（１）～（３）の各問いに答えなさい。

（１）このテストの結果の中央値を答えなさい。

答	点

表　６年１組のテストの結果

点数（点）	人数（人）
0	0
1	2
2	1
3	3
4	5
5	6
6	6
7	
8	3
9	
１０	1
合計	３６

（２）７点をとった人数と，９点をとった人数を求めなさい。

答	７点	９点
	人	人

（３）このクラスで，次のようなアンケート調査を行いました。

国語と算数と理科で，どの科目が好きですか。
（必ず一つは選んでください。複数選んでも構いません。）

アンケートの結果は，次のようになりました。算数だけが好きな人は何人ですか。

- 国語が好きな人　15人
- 理科が好きな人　16人
- 理科と算数だけが好きな人　４人
- 国語と算数だけが好きな人　２人
- 国語と理科だけが好きな人　２人
- 国語と算数と理科の三つすべてが好きな人　３人

答	人

受験番号	

2 花子さんは，ものの性質を調べるために，次の**実験**を行いました。（1）～（5）の各問いに答えなさい。

【実験1】 金属はどのようにして全体が温まっていくのか調べました。**図1**のように，ろうをぬった金属の棒《ぼう》を1分くらい加熱し，**1～3**の部分のろうがとける時間を測定しました。

【実験2】 水はどのようにして全体が温まっていくのかを，**図2**のようにビーカーに水を入れて調べました。**表1**は①**ビーカーを加熱した直後**と②**加熱し始めてから5分後の温度計ア～ウ**の示度をまとめたものです。

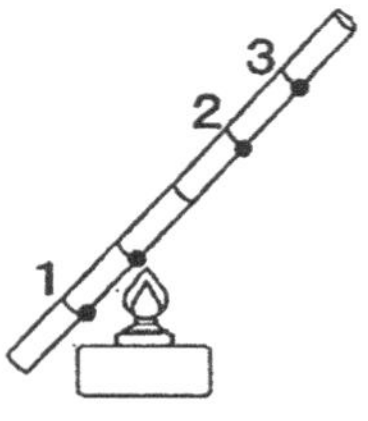

図 1

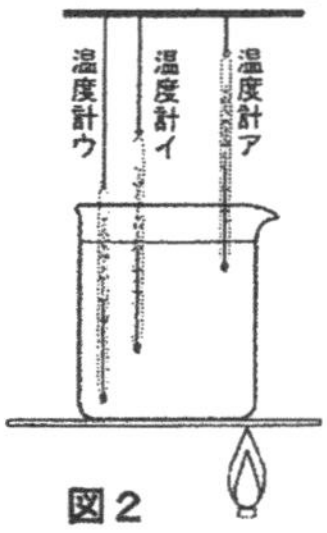

図2

（1）**【実験1】**で，金属の温まり方の特徴《ちょう》から考えると，ろうがとける時間がもっとも短いのは，図1の1～3のどれですか。数字で答えなさい。

答	

表 1

示　度	①	②
温度計ア	24℃	42℃
温度計イ	24℃	39℃
温度計ウ	24℃	37℃

（2）花子さんは，実験中に火のついたアルコールランプをたおしてしまいました。そこで，ぬれたぞうきんをかぶせて火を消しました。火が消えた理由を酸素の性質にふれながら説明しなさい。

答	

（3）**【実験2】**で，水の温まり方のようすとしてもっとも当てはまるものを次の**ア～ウ**から一つ選び，記号で答えなさい。

答	

ア　熱せられたところから順に熱が伝わって温まる。
イ　温められた水が横の方に動いて，下から順に温まる。
ウ　温められた水が上の方に動いて，上から順に温まる。

【実験3】 水にとけるものの量と水の温度との関係を調べました。ビーカー**A**・**B**に，70℃の水50mLをそれぞれ入れた後，食塩・ミョウバンのいずれかをそれぞれ15gずつ入れました。水の温度が60℃になったときと，20℃まで冷やしたときのようすを**表2**にまとめました。**表3**は，50mLの水にとける食塩・ミョウバンの量と水の温度の関係を表しています。

表 2

水の温度	ビーカーA	ビーカーB
60℃のとき	すべてとけた。	すべてとけた。
20℃のとき	固体が出てきた。	変化はなかった。

表 3

水の温度	食塩	ミョウバン
60℃のとき	19g	29g
20℃のとき	18g	6 g

（4）ビーカー**A**にとかしたものは食塩とミョウバンのどちらですか。出てきたものとその理由を書きなさい。

答	出てきたもの	理由

（5）ろうとを使ってろ過するとき，液はガラス棒を伝わらせて注ぎます。その理由を書きなさい。

答	

令和４　理　科

１　次の【文章１】と【文章２】を読んで，（１）～（５）の各問いに答えなさい。

【文章１】太郎《ろう》さんは，学校で，ヒトの始まりもメダカのように受精卵《らん》から始まること，オスの体内で作られた（ア）とメスの体内で作られた(イ)が結びつくと受精卵になることを学びました。メダカとヒトでは成長した姿《すがた》や形がちがうのに，始まりが共通していることに興味を持った太郎さんは，家に帰り，メダカやヒトが成長していくようすを調べてみました。すると，ヒトは約36～38週かけて，母親のたい内で育ち生まれてくるのに対して，メダカは約２週間でたまごからかえることがわかりました。長い間，母親のたい内にいるヒトは，生まれてくるまでの間，母親のたいばんと（ウ）でつながっていて，栄養を得ていることがわかりました。一方で，メダカは，受精卵にもともと栄養がたくわえられており，そこから栄養を得ていることもわかりました。しかし，太郎さんには，「①生まれたばかりのメダカは，自分でえさをとるまでの間どのように栄養を得ているのだろう。」という新たな疑《ぎ》問がうまれました。

（１）【文章１】の（ア）～（ウ）に入る適切な語句を答えなさい。

答	ア		イ		ウ	

（２）下線部①について調べるために，生まれたばかりのメダカを観察しました。図１は，そのようすを表しています。メダカは自分でえさをとれるようになるまで，どのように栄養を得ていたと考えられますか。図１から考えられることを答えなさい。

図１

答	

【文章２】太郎さんは，ハイキングに出かけました。まず，山に行きました。山には，しま模《も》様に見えるがけがありました。②しま模様のがけはつぶの大きさのちがう層《そう》になっていました。川の上流に行くと，③川はカーブしており，内側には砂や小さな石が積もっていました。そして，外側には大きな石が積もっていました。次に，その川にそって山のふもとまで降りてくると，急に大雨が降ってきたので，ハイキングをやめました。二日後に同じ山のふもとに行くと，④川のようすが大きく変わっており，二日前にはなかった大きな石が見られ，川岸がけずられて川のはばが広がっていました。

（３）下線部②のような，しま模様に見えるものを何といいますか。

答	

（４）下線部③から，この川の川底がどのような形になっていたか，
もっとも当てはまるものを次のア～ウから一つ選び，記号で答えなさい。

ア　内側の川底よりも，外側の川底の方が浅くなっていた。
イ　内側の川底よりも，外側の川底の方が深くなっていた。
ウ　内側の川底と外側の川底に深さの差はなかった。

答	

（５）下線部④のようになった理由を，流れる水のはたらきにふれながら答えなさい。

答	

令和４年度

理科

（※理科と算数２科目45分・配点非公表）

●指示があるまで開いてはいけません。

●問題を開いたら，右上のらんに受験番号（数字）を記入しなさい。

●解答は解答らんに記入しなさい。

●ていねいな文字で，こくはっきりと書きなさい。

●「始めなさい」の合図で始めなさい。

●「終わりなさい」の合図で筆記用具を置きなさい。

滋賀大学教育学部附属中学校

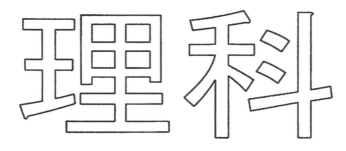

令和４　算　数

１　次の（１）～（６）の各問いに答えなさい。

（１）１２＋６÷（３－１）を計算しなさい。

答

（２）お母さんからもらった1200円のおこづかいを兄と弟で分けます。兄と弟の金額の比が３：２となるように分けるとき，兄と弟の金額がそれぞれ何円になるか答えなさい。

答　兄　　　円　弟　　　円

（３）32 をある整数でわると，あまりは４となりました。このような整数は全部でいくつありますか。

答　　　個

（４）右の**図１**において，四角形ＡＢＣＤは長方形で，同じ印のついた長さはすべて等しくなっています。このとき，影のついた部分の面積の合計は，四角形ＡＢＣＤの面積の何倍になるか答えなさい。

図１

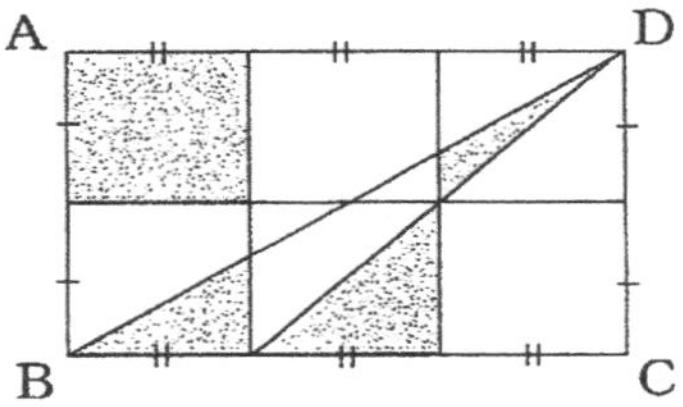

答　　　倍

（５）下の**図２**の直方体の容器に水がぎりぎりまで入っています。この容器の中に，**図３**の円柱を底面が容器の底につくまで水の中にしずめたところ，水があふれ出て**図４**のようになりました。このとき，あふれ出た水の量はｃｍ³か答えなさい。ただし，円周率は３．１４とします。

図２

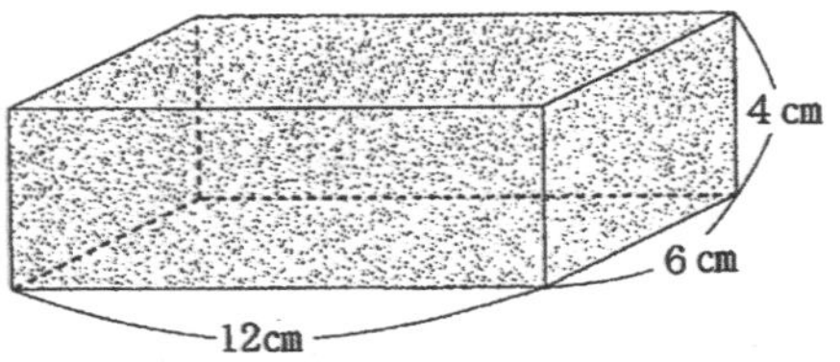

図３

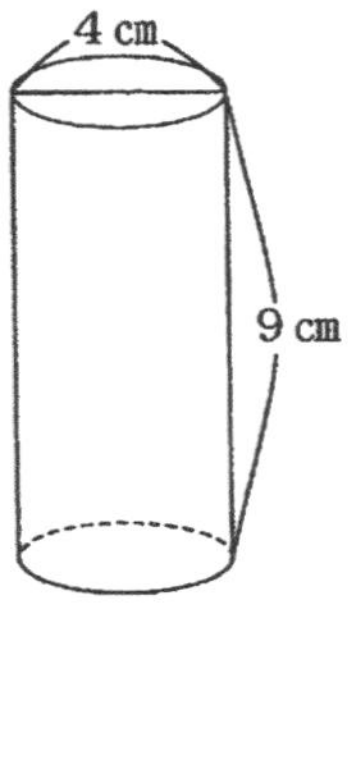

図４

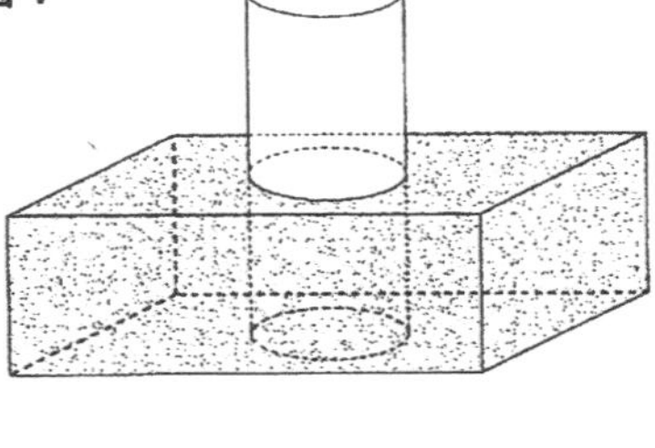

答　　　ｃｍ³

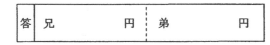

令和４年度

算数

（※算数と理科２科目45分・配点非公表）

●指示があるまで開いてはいけません。

●問題を開いたら，右上のらんに受験番号（数字）を記入しなさい。

●解答は解答らんに記入しなさい。

●ていねいな文字で，こくはっきりと書きなさい。

●「始めなさい」の合図で始めなさい。

●「終わりなさい」の合図で筆記用具を置きなさい。

●計算用紙はありません。計算は余白でしなさい。なお，途中の計算は残しておくこと。

滋賀大学教育学部附属中学校

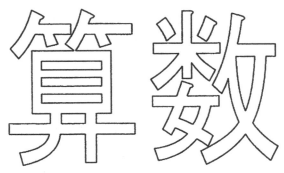

令和４　社　会

１　太郎《ろう》さんは，修学旅行で鹿児島県の桜島の火山を見学したことをきっかけに，日本の災害について調べることにしました。このことについて（１）～（６）の各問いに答えなさい。

地図１

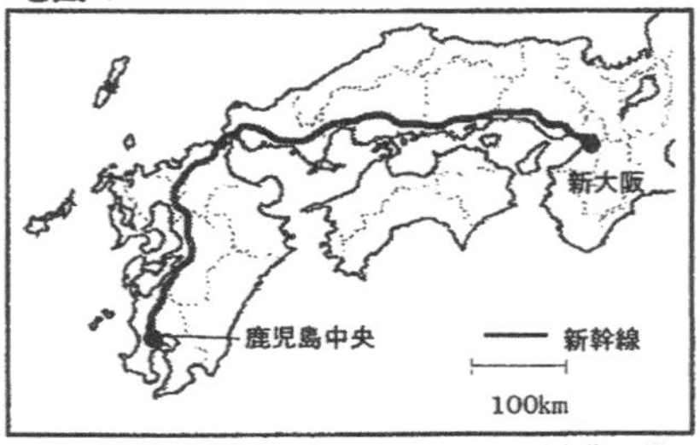

（１）太郎さんは，新大阪駅から鹿児島中央駅まで新幹線に乗車しました。**地図１**を見て，新幹線が通った府県のうち，「山」がつく二つの府県名を通過した順に答えなさい。

答　　　　→

（２）太郎さんが鹿児島市を訪《おとず》れた冬，桜島が噴煙《ふんえん》を上げていても，北西の季節風の影響《えいきょう》を受け，鹿児島市に火山灰《ばい》が降《ふ》ることは少ないそうです。この風の向きを解答欄《らん》**地図２**の口に矢印でかきこみなさい。

答

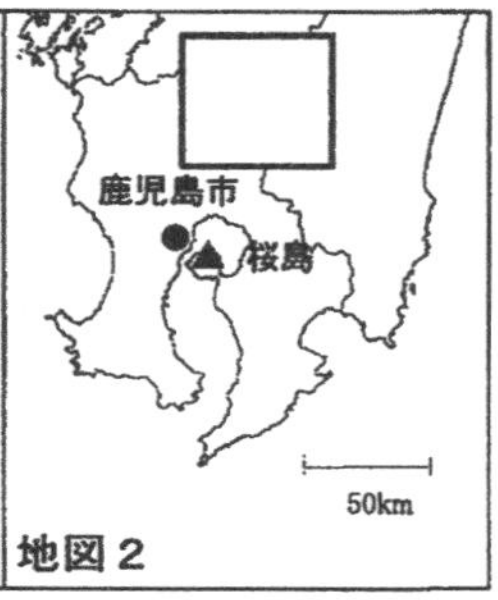

地図２

地図３

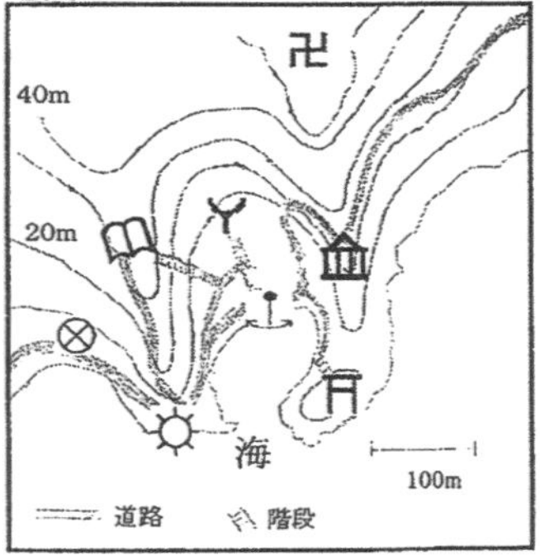

（３）太郎さんは，地震《しん》のときに海岸では津《つ》波の危《き》険があることを学びました。**地図３**について，この地域で津波からの避難《ひなん》に最も適する文を，次のア～エから一つ選び，記号で答えなさい。

ア　**地図３**にある施設の中では，神社が最も高台にあるのでここに避難するといい。

イ　博物館にいる人は，博物館より高い位置にある消防署《しょ》に避難すべき。

ウ　港は半島の陰《かげ》になっていて津波の被《ひ》害を受けないのでここに避難すべき。

エ　工場からは警《けい》察署よりも高い場所にある図書館へ避難すべき。

答

資料１　避難場所を示す看板

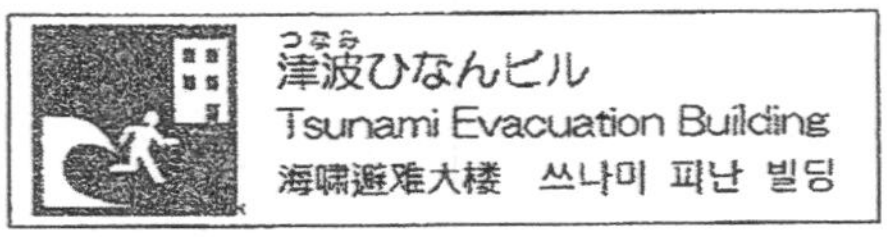

（４）津波が起きたとき，どれくらい浸《しん》水するかなど，災害の被害を予測して作った地図を何といいますか。カタカナで答えなさい。

答

（５）太郎さんは，**資料１**のような避難場所を示す看《かん》板を見つけ，多くの人にわかりやすい工夫がされていると思いました。複数の外国語が使われている以外の工夫を二つ答えなさい。

答

（６）太郎さんは土石流をくい止める**資料２**のような砂《さ》防ダムを見学しました。山の森林も緑のダムと呼《よ》ばれているそうです。しかし，森林は**資料３**のように，間伐《ばつ》しないと土砂災害を防ぐことができなくなるそうです。間伐することがなぜ土砂災害を防ぐことになるのか，説明しなさい。

資料２
土石流を防ぐ砂防ダム

資料３
間伐をして日光が地面までよくとどく森林

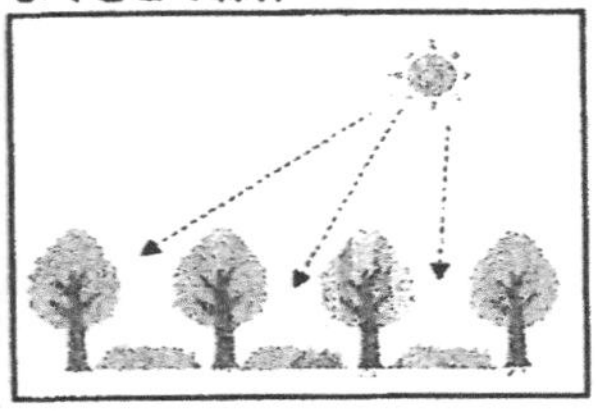

答

令和４年度

社会

（※社会と国語２科目45分・配点非公表）

●指示があるまで開いてはいけません。

●問題を開いたら，右上のらんに受験番号（数字）を記入しなさい。

●解答は解答らんに記入しなさい。

●ていねいな文字で，こくはっきりと書きなさい。

●「始めなさい」の合図で始めなさい。

●「終わりなさい」の合図で筆記用具を置きなさい。

滋賀大学教育学部附属中学校

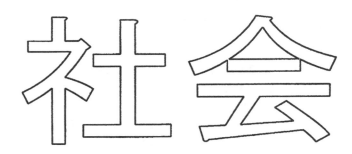

問四　――線ウ　とありますが、「ニバイ」は「カケバイ」にくらべてどのような点で効率がよいといえますか。二十字以内で答えなさい。

答

問五　――線エとありますが、これは何を指しますか。五字以内で答えなさい。

答

問六　**オ** にあてはまる言葉について、もっともふさわしいものを後の１～４から選び、番号で答えなさい。

１　しかし　２　ところで　３　そのため　４　さらに

答

問七　――線カ　について、以下の問いに答えなさい。

（１）トチ餅は「自分の家でつくるもの」という位置づけからどのようなものに変化しましたか。八字から十字で答えなさい。

答

（２）トチ餅の「位置づけ」が変化しても、【資料一】の筆者の調査から、変化していないと考えられることは何か。二つ書きなさい。

答

問八　太郎さんは、「過疎」の意味を辞書で調べて（【資料三】）、トチ餅がおみやげとして定着してもなお、朽木では過疎化・高齢化によって、トチ餅づくりの後継《けい》者が不足している問題を示すためにグラフを準備しました（【資料四】）。より問題が伝わりやすくなるようにもう一つグラフを加えるとすれば、何をどのように調べたことを示すグラフがあればよいですか、答えなさい。

【資料三　太郎さんが辞書で調べた「過疎」の意味】

かそ
過疎
その地域の人口が他に流出するなどして異常《いじょう》に少ない様子。

【資料四　太郎さんが準備したグラフ】

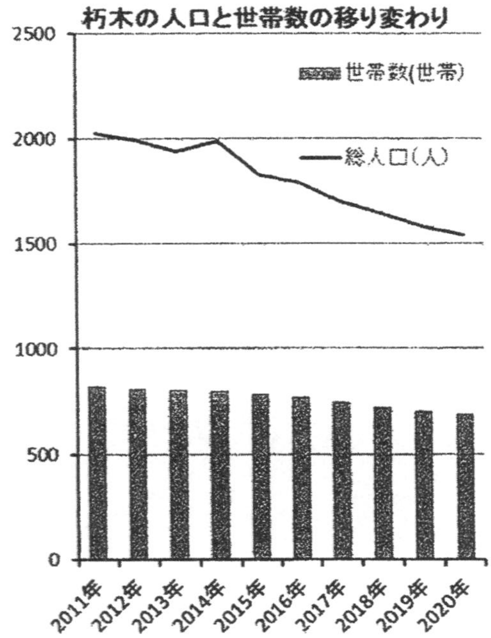

（滋賀県推計人口年報より作成。）

答

令和３年度

国語

※国語・社会の２教科 45分・配点非公表

●指示があるまで開いてはいけません。

●問題を開いたら，右上のらんに受験番号（数字）を記入しなさい。

●解答は解答らんに記入しなさい。

●ていねいな文字で，こくはっきりと書きなさい。

●「始めなさい」の合図で始めなさい。

●「終わりなさい」の合図で筆記用具を置きなさい。

滋賀大学教育学部附属中学校

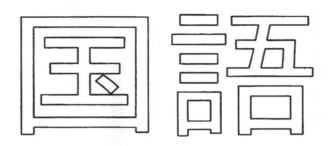

受験番号	

次の資料一～二を読んで、後の問一から問六に答えなさい。

【資料一　本文】

著作権に関係する弊社の都合により
本文は省略いたします。

教英出版編集部

（「M・O・H通信 Vol.26」二〇〇九年一二月刊より。引用者一部改。）

【資料二　資料一の文章を読んだ太郎《たろう》さんが、近江商人の「三方よし」に興味を持ち、図書館の本で調べたことをメモした表】

	メモ
調べたこと　一	西川仁《じん》右衛門という商人は、*蚊帳《かや》を商品として主に北陸方面をめぐり、売り歩いた。商品を売り尽くすと、そのお金を使って、北陸のサバや、塩で加工した海産物を仕入れ、*近江に戻《もど》り、それらを売ってさらに利益を上げた。このような商売のしかたを「ノコギリ商い」と呼ぶようになった。
調べたこと　二	農作物の生育には適した気温がある。だから、東北地方などでは、比較《かく》的暖《あたた》かい地方で育てられるもめん、茶などの商品が不足しがちだった。 近江商人は、これらを産出する地域《いき》で商品を買い付け、東北地方の各*藩で売り歩いた。
調べたこと　三	近江の西川甚《じん》五郎という商人は、ある時、江戸の*長屋に暮《く》らす人々が、夏の夜は暑いうえに、長屋の水はけの悪さから、蚊《か》が多くて、ぐっすり眠《ねむ》れないと話しているのを聞いた。 そこで、長屋の人々に蚊帳を売り歩こうと考えた。はじめはさっぱり売れなかったが、麻《あさ》糸を染《そ》めずに織っただけの、くすんだ色あいの蚊帳から、萌黄《もえぎ》色に染めた麻糸で織った生地を使ってリニューアルしたところ、飛ぶように売れるようになった。 こうして、夏の寝《ね》苦しい夜に、見た目に涼《すず》しい萌黄色の蚊帳は江戸の多くの長屋に暮らす人々に好まれ、長く愛用された。

＊蚊帳……蚊を防ぐためにつり下げる網《あみ》状のおおい
＊近江……今の滋賀県
＊藩……今の都道府県にあたる
＊長屋……ひとむねの家をいくつにも分けて、ひと区切りに一世帯ずつ住むようにした家

問一　═══線①～⑩のカタカナを正しい漢字に直しなさい。

番号	解答欄
①	
②	した
③	
④	ない
⑤	
⑥	
⑦	
⑧	
⑨	い
⑩	

受験番号	

2 花子さんは，「税のいまとむかし」について調べ，ノートにまとめました。花子さんのノートを参考にして，（1）～（7）の各問いに答えなさい。

花子さんのノート

【むかし（8世紀ごろ）の税について】

○ [　　　] にならって律令《りつりょう》を作り，税の制度などを整えました。

○農民には，①田でとれた約3％の稲《いね》，お金，その地方の特産物，都で働くか布を納める負担《ふたん》などがありました。

○都に税を運ぶときには，荷札として②木の札がつけられました。

○負担《ふたん》にたえられず，にげ出す農民もいました。

【いまの税について】

○税金は，国や都道府県・市町村に納められ，収入《しゅうにゅう》の一部になります。

○③国の収入（税金など）の使い道を考えるのは内閣《ないかく》の仕事であり，決めるのは④国会の仕事です。

○税金を納めることは，⑤国民の義務の一つです。

○税金は，わたしたちの生活のために使われます。

○⑥わたしたちの教科書は，税金によって無償《むしょう》で配られています。

（1）花子さんは，後から調べて書《か》きこもうと思い，ノートの [　　　] をあけたままにしていました。花子さんのノートの [　　　] にあてはまる国名を当時の国名で書きなさい。

答

（2）花子さんがノートに書いた，下線部①の内容にはまちがいがあります。まちがえている部分を [　　　] でかこみなさい。

答　田でとれた約３％の稲，お金，その地方の特産物，都で働くか布を納める負担

（3）下線部②について，特産物を運ぶために，荷札としてつけられた木の札を何というかを答えなさい。

答

（4）下線部③について，花子さんは，日本の予算収入について調べました。資料は，2019年度の日本の予算収入額《がく》を示しています。資料を見て，予算収入における公債金の特徴《とくちょう》について，「公債金は」の書き出しにつづけて書きなさい。

資料

税　金	63兆円
公債金《こうさいきん》	33兆円
その他	6兆円

（兆円未満は四捨五入《ししゃごにゅう》）

答　公債金は

（5）下線部④について，国会にある二つの議院のちがいとして正しいものを次のア～エから選び，記号で答えなさい。

ア　衆議院《しゅうぎいん》の方が参議院に比べて，議員の数は少ない。

イ　衆議院には解散があるが，参議院には解散がない。

ウ　衆議院の任期の方が参議院の任期よりも長い。

エ　衆議院の選挙は18歳《さい》以上で，参議院の選挙は20歳以上で投票ができる。

答

（6）下線部⑤について，日本国憲法《けんぽう》が定める，「税金を納める義務」以外の国民の義務を二つ書きなさい。

答

（7）下線部⑥について，わたしたちの教科書が，税金によって無償で配られる理由を書きなさい。

答

受験番号	

（5）池の周りをネズミとウシとトラが，同じ向きに走っています。ネズミは，1周回るのに45分かかります。トラは，1周回るのに18分かかります。ウシは，トラよりもおそく，ネズミよりもはやいです。
いま，ネズミ，ウシ，トラが同時に走り始めました。ネズミとトラが次に同時にスタート地点にもどって来たとき，ウシも同じタイミングでスタート地点にもどってくるには，ウシは1周何分で走らなければならないでしょうか。考えられる場合を，すべて答えなさい。

答	

2 **図4**のような，上向きの正三角形と下向きの正三角形に番号をつけ，ある規則にしたがって，**図5**のように，1段目，2段目，3段目，…と段をつくって並べていきます。このとき，次の（1）～（3）の各問いに答えなさい。

図4

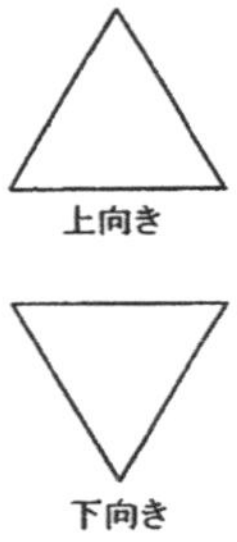

図5

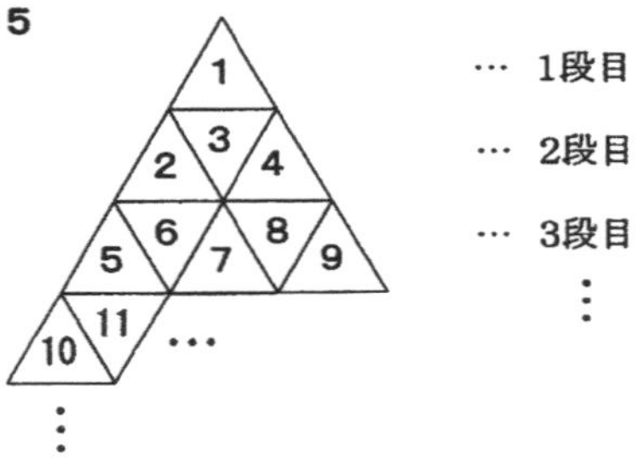

（1）23の番号のついた正三角形は何段目にあるか答えなさい。また，その正三角形は上向きか下向きかについても答えなさい。

答	段目，　　　向き

（2）6段目にある，上向きの正三角形と下向きの正三角形のすべての番号の和を求めなさい。

答	

（3）ある段において，上向きの正三角形すべての番号の和と下向きの正三角形すべての番号の和を比べると，その差が421でした。これは何段目のことか答えなさい。

答	段目

受験番号

2 次の【文章１】と【文章２】を読んで，（１）～（５）の各問いに答えなさい。

【文章１】太郎《たろう》さんは，図１のような空気でっぽうを使って遊んでいました。ピストンをおしこむと，空気でっぽうのゴムの玉は，いきおいよく飛び出しました。その後，空気の代わりに水を入れてゴムの玉を飛ばしてみると，空気のときよりもゴムの玉の飛び出し方は弱まりました。同じ力でおしこんだのに飛び方にちがいが出たのはなぜかと思い，次のような実験を行いました。図２のように注射器《ちゅうしゃき》を空気が逃げないようにセットし，ピストンをおしこむと，手ごたえがだんだん大きくなり，やがて，おしこめなくなりました。ピストンから手をはなすと，ピストンはもとの位置にもどりました。次に，注射器の中に水をいれてピストンをおしこむと，ピストンはぴくとも動きませんでした。

図１

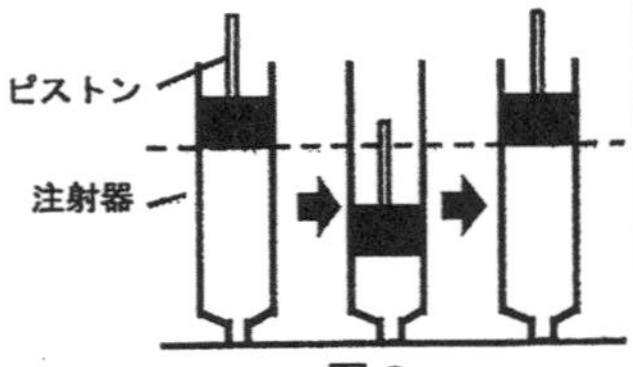

図２

（１）空気の成分について，下の解答らんの文中の（　）に当てはまる用語を書き，文を完成させなさい。

答　空気の成分は，およそ５分の４は（　　　　　）で，およそ５分の１は（　　　　　）である。そのほかにも，空気中には，ろうそくや木が燃えたときに発生する（　　　　　）などもわずかにふくまれる。

（２）ピストンの中に空気が入っていることを確かめるためには，どのような方法があるか答えなさい。ただし，確かめる方法としては，身の回りのものを使い，危険《きけん》でない方法とします。

答

（３）下線部のように，空気でっぽうのゴムの玉が，空気と水で飛び方にちがいが出たのはなぜですか。その理由を答えなさい。

答

（４）今回の実験は，水は室温と同じにし，実験を行った場所や周囲のかん境，実験器具，おしこむ力と速度を変えずに行いました。この他に，変えてはいけない条件は何ですか。答えなさい。

答

【文章２】太郎さんは，さらに，図３のように試験管の口にシャボン液をつけてまくを張り，試験管をお湯で温めたり，氷水で冷やしたりしました。すると，試験管の口のシャボン液のまくは，お湯で温めたときふくらみました。また，氷水で冷やしたとき試験管の中に入りました。

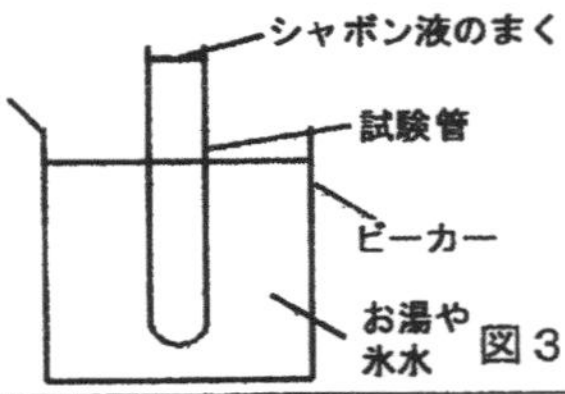

図３

（５）図３の実験の結果から，どのようなことが考えられますか。正しいものを次のア～ウから選び，記号で答えなさい。

答

ア　空気の体積は，温めれば小さくなり，冷やすと大きくなる。
イ　空気の体積は，温めれば大きくなり，冷やすと小さくなる。
ウ　空気の体積は，温度変化によって変わることはない。

令和３　理　　科

１　次の【文章１】と【文章２】を読んで，（１）～（６）の各問いに答えなさい。

【文章１】花子さんは，小学校の校庭にいる生き物をさがしました。校庭にはサクラの木があって，木には昆虫《こんちゅう》がやってきて花のみつを吸《す》っていました。足元を見ると，タンポポの花が咲いています。春は生き物が活発に動き出す時期です。花子さんは，季節によって生き物の様子が違うことに気がつきました。

（１）花子さんは，けんび鏡を使ってタンポポの花の花粉を観察することにしました。まずはじめに，10倍の倍率の接眼レンズを取りつけました。次に行う手順として，もっともふさわしいものを次のア～ウから選び，記号で答えなさい。

ア　４倍の対物レンズを選ぶ。　　イ　10倍の対物レンズを選ぶ。

ウ　40倍の対物レンズを選ぶ。

答

（２）①サクラの花のつくりを示した図１のうち，どの部分が実となりますか。図１のア～エから選び，記号で答えなさい。

②図１の（　）の場所にみつを持つことで，都合のよいことがあります。それは何ですか。サクラの花のつくりに着目して答えなさい。

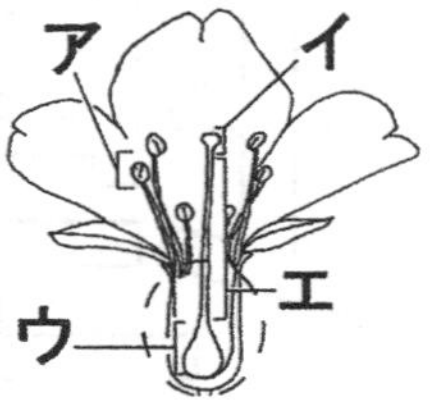

図１

答

答

（３）トノサマバッタは，卵→よう虫→成虫の順に育ちます。モンシロチョウは，どのような順で育ちますか。トノサマバッタとのちがいにふれながら説明しなさい。

答

（４）モンシロチョウとトノサマバッタに共通する特ちょうを次のア～オからすべて選び，記号で答えなさい。

ア　成虫の羽は四枚ある。　イ　冬を越《こ》す時は卵の姿である。　ウ　成虫の足は六本ある。

エ　成虫のからだは，頭・胸・腹の三つの部分からできている。

オ　卵から成虫に成長するまでの間に，食べる物が変わる。

答

【文章２】季節が変わり，小学校の畑には，もうすぐヘチマの花が咲きそうです。花子さんは，植物の実のでき方を調べることにしました。まず，花が咲く前のつぼみのいくつかにふくろをかぶせておきました。次に，花がしぼんだころに，ふくろを外しました。その後，ふくろをかぶせた花には実ができませんでした。

（５）下線部について，なぜふくろをかぶせた花には実ができなかったのですか。原因として考えられる理由を，二つ答えなさい。

答

（６）ヘチマの花と同じつくりをもつ花を次のア～エから選び，記号で答えなさい。

ア　アブラナ　　イ　カボチャ　　ウ　イネ　　エ　アサガオ

答

令和３年度

理科

※算数・理科の２教科 45分・配点非公表

●指示があるまで開いてはいけません。

●問題を開いたら，右上のらんに受験番号（数字）を記入しなさい。

●解答は解答らんに記入しなさい。

●ていねいな文字で，こくはっきりと書きなさい。

●「始めなさい」の合図で始めなさい。

●「終わりなさい」の合図で筆記用具を置きなさい。

滋賀大学教育学部附属中学校

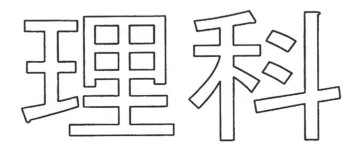

令和３　算　数

１　次の（１）～（５）の各問いに答えなさい。

（１）２４－１２÷２×３　を計算しなさい。

答

（２）ある長さのロープがあり，そのうち $\frac{3}{10}$ を切って使いました。切った長さは $\frac{6}{5}$ mでした。

最初にあった，ロープの長さは何mですか。

答　　　　m

（３）昼食を食べようとお店に入りました。その店では割引キャンペーンをしており，店内で食べると，消費税は10%で，値段は18%引きです。持ち帰りだと，消費税は８%で，値段は15%引きです。値段が得なのは，店内で食べる場合，持ち帰る場合のどちらですか。式と言葉を使って説明しなさい。

答

（４）**図２**のように，折り紙を３回折ります。折った状態の折り紙のある部分を切り取ったあと，それを広げると**図３**のようになりました。解答らんにある，折り紙を３回折った状態の図に，どのように切り取ったか，その切り取り線を作図しなさい。

図２

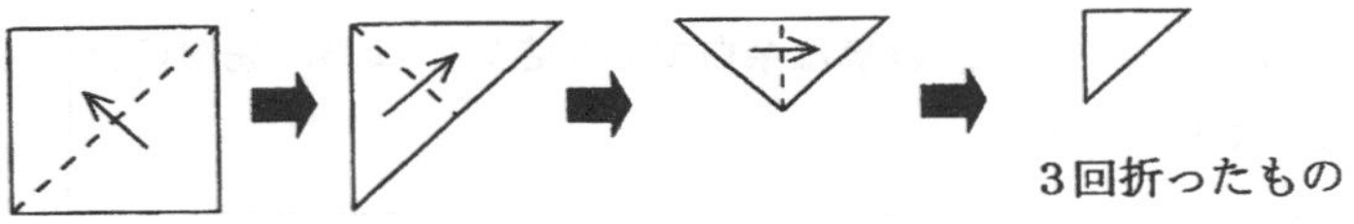

図３

答

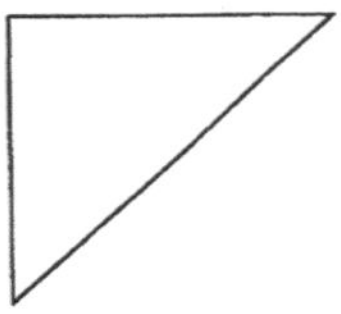

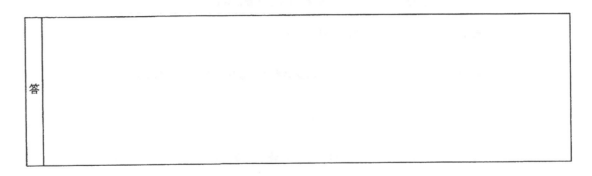

令和３年度

算数

※算数・理科の２教科 45分・配点非公表

●指示があるまで開いてはいけません。

●問題を開いたら，右上のらんに受験番号（数字）を記入しなさい。

●解答は解答らんに記入しなさい。

●ていねいな文字で，こくはっきりと書きなさい。

●「始めなさい」の合図で始めなさい。

●「終わりなさい」の合図で筆記用具を置きなさい。

●計算用紙はありません。計算は余白でしなさい。なお，途中の計算は残しておくこと。

滋賀大学教育学部附属中学校

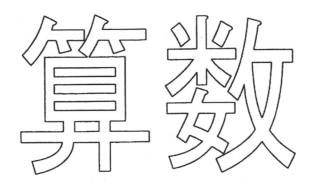

令和３　社　会

１　太郎《たろう》さんは，給食を食べるなかで，食材がどこから来ているのかについて関心を持ち，調べることにしました。このことについて，（１）～（５）の各問いに答えなさい。

（１）給食で出されたハンバーグについて，材料である牛肉の輸入先として最も多いのは，アメリカ合衆国《がっしゅうこく》であることがわかりました。太郎さんは，日本とアメリカ合衆国との位置関係について，**図１**のように地球儀《ぎ》に紙テープをあてて調べたり，**地図１**を見たりして，次の説明文のようにまとめました。説明文の（　　　）にあてはまる語句をそれぞれ答えなさい。なお，①は海洋の名前，②は八方位の方角，③は大陸名が入ります。

図１

答	日本の滋賀県大津市から見てアメリカ合衆国は，（①　　　　　　　　　　）を（②　　　　　）方向に向かった先の（③　　　　　　　　　　）にあります。

（２）肉の輸入先の２位はオーストラリアであることがわかりました。**地図１**についてオーストラリアを黒くぬりつぶしなさい。また，オーストラリアの**国旗**を選び，（　）に〇をつけなさい。

答

地図１

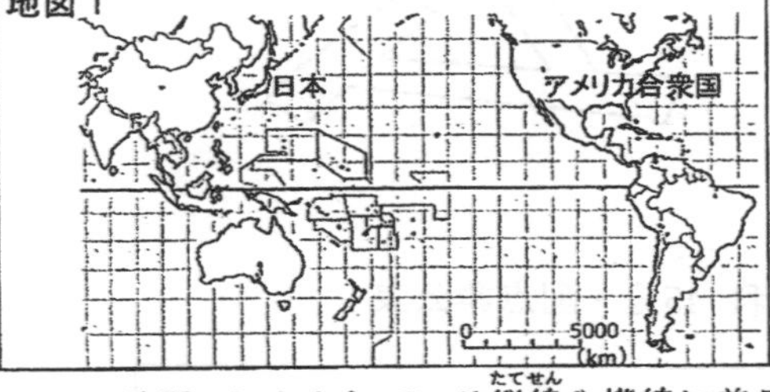

国旗

（　　）　（　　）

（　　）　（　　）

（３）太郎さんは，**地図１**にかかれている縦線《たてせん》や横線に着目しました。滋賀大学教育学部附属《ふぞく》中学校の正門前付近を通る線について，次の**ア**～**エ**から選び，記号で答えなさい。

ア　北緯《ほくい》35 度　　**イ**　南緯《なんい》35 度

ウ　東経 35 度　　**エ**　西経 35 度

答	

（４）給食のハンバーグには，フライドポテトがついていました。社会科の授業で，その原料であるじゃがいもの生産は，北海道が日本で最も多いことを学びました。その授業で配《くば》られた**地図２**において，北海道でよく見られるじゃがいもの生産場所と最も地形の条件が似ている場所を□から一つ選び，土地利用の様子を示す地図記号をかき入れなさい。

答

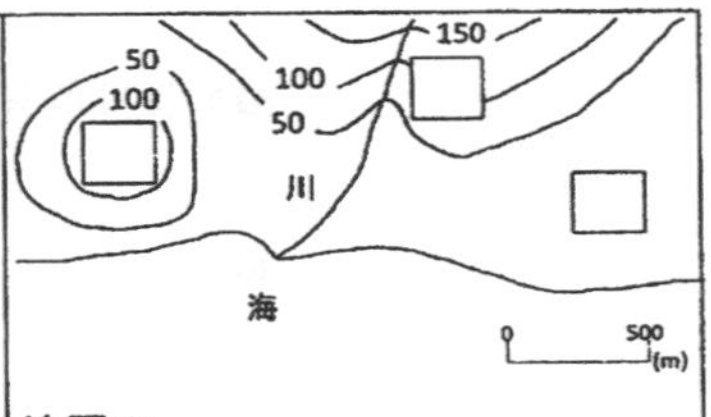

地図２

（５）今日の給食のデザートはりんごで，昨日のデザートはみかんでした。太郎さんは，りんごとみかんの都道府県別生産量を調べ，生産量の多い四つの都道府県について，**表**と**地図３**にまとめました。みかんの生産量が多い四つの都道府県の場所について，**地図３**を黒くぬりつぶしなさい。

表　りんごとみかんの生産量上位の都道府県

	りんご	みかん
1	青森県(477.8)	和歌山県(161.1)
2	長野県(142.1)	愛媛県(127.8)
3	山形県(45.7)	静岡県(121.3)
4	福島県(43.8)	熊本県(84.0)

(2015 年，単位：千 t，「農林水産省統計表」)

答

地図３

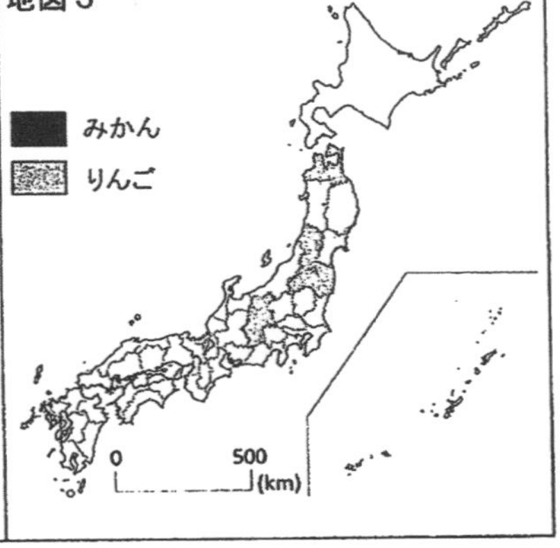

令和３年度

社会

※国語・社会の２教科 45分・配点非公表

●指示があるまで開いてはいけません。

●問題を開いたら，右上のらんに受験番号（数字）を記入しなさい。

●解答は解答らんに記入しなさい。

●ていねいな文字で，こくはっきりと書きなさい。

●「始めなさい」の合図で始めなさい。

●「終わりなさい」の合図で筆記用具を置きなさい。

滋賀大学教育学部附属中学校

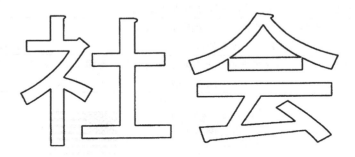

問二　――線ア　とありますが、これに対する筆者の考えについて、もっともふさわしいものを後の1～4から選び、番号で答えなさい。

1　消費者は、供給者に対して低価格を要求し続けることができるので、「お客様」は「神様」にちがいない。
2　世間に良いものを残すような供給者こそが「神様」だから、「お客様」だけが「神様」ではない。
3　供給される商品を大切に扱い、店に協力してくれるので、「お客様」こそが「神様」である。
4　消費者にとって必要なものを供給する側も「神様」であるので、「お客様」だけが「神様」ではない。

答

問三　――線イ　とありますが、この言葉の意味としてもっともふさわしいものを後の1～4から選び、番号で答えなさい。

1　言い伝え　2　失言　3　あいさつ　4　言いわけ

答

問四　――線ウ　とありますが、これは何を指しますか。本文中から一語でぬき出しなさい。

答

問五　――線エ　について、後の各問いに答えなさい。

（1）「売り手」を別の言葉で言いかえると何になりますか。本文中からあてはまる言葉をぬき出しなさい。

答

（2）**【資料二】**の「調べたこと　一」と「調べたこと　二」では、「売り手よし」と「買い手よし」について、どのようなことが書かれていますか。まとめなさい。

答	
売り手よし	買い手よし

（3）「世間よし」について、

①**【資料一】**には「世間よし」とはどのようなことであると書かれていますか。**【資料一】**の中の言葉を用いて答えなさい。

答

②**【資料二】**の「調べたこと　三」において「世間よし」の具体例といえるのは、どのような点ですか。

答

問六　――線オ　とありますが、この述語に対する主語を答えなさい。

答

令和２年度

国語

※国語・社会の２教科　45分・配点非公表

●指示があるまで開いてはいけません。

●問題を開いたら，右上のらんに受験番号（数字）を記入しなさい。

●解答は解答らんに記入しなさい。

●ていねいな文字で，こくはっきりと書きなさい。

●「始めなさい」の合図で始めなさい。

●「終わりなさい」の合図で筆記用具を置きなさい。

滋賀大学教育学部附属中学校

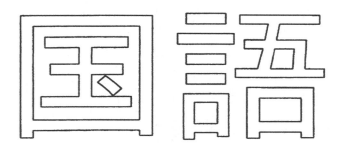

受験番号	

次の資料一～三を読んで、後の問一から問七に答えなさい。

【資料一　橋本勘《かん》「奥《おく》びわ湖の桜　三二六〇本の未来」本文】

（二〇一四年に完了《かんりょう》した調査で、奥《おく》びわ湖の桜並《なみ》木には三二六〇本の桜があり、そのうち約八割《わり》の二六九〇本がソメイヨシノであること、さらにその八割の二一一二本でテングス病を発症《はっしょう》していることが判明した。）

ソメイヨシノの歴史はまだ新しく江戸《えど》時代の終わりに江戸の染井《そめい》村の植木職人が掛《か》け合《あ》わせて生み出したともア言われる。歴史的にはできたばかりの品種であるためイ樹齢《じゅれい》何百年というようなソメイヨシノは存在《そんざい》しない。①モットも古いのは弘前《ひろさき》公園にある樹齢約一四〇年のものと言われている。

さて、問題のテングス病はカビ菌《きん》が②ゲンインなので、陽当《ひあ》たりの悪い、風通しも良くない場所に発生しやすい。しかも、空気がきれいな場所のほうがよく発生するといわれている。③ヒニクにも奥びわ湖のきれいな空気がこの病気のまん延を進めてしまっていたのかも知れない。ソメイヨシノは成長が早く、植えて一〇年もたてば見ごろになり、花付きも良い。全国的にも植えられたのはウそのためである。しかしその分寿命《じゅみょう》は短く六〇年から八〇年と言われている。奥びわ湖の桜並木のソメイヨシノはその記録をひも解くと、奥琵琶湖《びわこ》パークウェイ④カイツウ以降《いこう》、昭和五一年から六〇年にかけて植えられたものが多いことがわかる。ならばその樹齢は三〇歳《さい》から四〇歳⑤テイド。エのこり二〇年間どう守っていくのか、あるいは守らないのかを考えなければならない。

といっても、オこの八割にも上るテングス病を放っておけばまん延が広がるばかりである。そこで、二〇一三年からは長浜市《ながはまし》が桜並木の⑥ホゼン事業を⑦ヨサン化し、年間およそ二〇〇～二七〇本の桜について病気にかかった枝を切るせん定作業をおこなってきた。六年が⑧ケイカし、処理《しょり》をした本数は一四二五本になる。その結果テングス病の発症率《りつ》は八割から六割に改善《かいぜん》した。この成果を大きいとみるか、小さいとみるかは難《むずか》しいが、言い換《か》えれば、ソメイヨシノ中心の桜並木のホゼンにはそれほど⑨テマがかかるということである。この理由からソメイヨシノではなく、地域《ちいき》に元々あるヤマザクラやエドヒガン、または病気に強くソメイヨシノに⑩ニて花付きの良いジンダイアケボノなどへの植替《うえか》えも試行している。

（『湖国と文化　第一六七号』平成三一年四月、びわ湖芸術文化財団刊より。引用者一部改。）

【資料二　太郎《たろう》さんが、N川公園がある地域の桜について調べ、まとめた表】

桜の種類	N川公園がある地域ではいつごろ咲くのか	メモ
ソメイヨシノ	四月上旬～四月中旬	うすいピンク色の花・園芸種
ヤマザクラ	三月下旬～四月中旬	白い花・花びらが五枚
エドヒガン	三月下旬～四月上旬	うす紅～白の花・樹齢が長い

【資料三　太郎さんが調べたN川公園の桜並木について、花子さんと話し合いをした時の記録】

花子「N川公園って、どんな公園なのですか。」

太郎「公園の敷地内《しきちない》にグランドや体育館や室内プールがある運動公園です。公園の中に川はばの広いN川が流れていて、その川沿《かわぞ》いに桜並木があります。とても交通量の多い国道がすぐわきを通っていて、お花見の季節にはたくさんの人でにぎわいます。木と木の間にゆとりがあるので、お弁当が広げやすくて人気です。」

花子「桜並木のテングス病はどうだったのですか？」

太郎「公園の管理事務所の方のお話では、やはり一部の桜並木で発症している、とのことでした。」

花子「でも、車がたくさん通っている国道のすぐそばならば、［1］奥びわ湖地域とちがって、［2］のでテングス病が広がっていくペースも遅《おそ》いのではないですか。」

太郎「［2］のはたしかなようです。しかし、発症している木は、公園の中でも大きくて高さもある体育館のすぐそばにあり、日中は［3］なります。だから、発生したのでしょう。」

花子「太郎さんはどのような対策《たいさく》がよいと考えていますか。」

太郎「奥びわ湖地域のように、ヤマザクラやエドヒガンに植替えをしたらいいと考えます。公園の近くの山の中で咲《さ》いているみたいです。様々な桜の花が見られるだけでなく、この二つの品種は、ソメイヨシノとは、［4］がちがうので、［5］というよいところもあります。」

受験番号	

2　花子さんは，2024年からお札（紙幣《しへい》）に描《えが》かれる人物画が変わるというニュースに興味を持ち，お札に描かれる人物や建物について教科書やインターネットで調べ，ノートに次のようにまとめました。花子さんの**ノート**や**資料**を見て，次の（1）～（6）の各問いに答えなさい。

ノート

①1958年からの一万円札 聖徳《しょうとく》太子（厩戸皇子《うまやどのおうじ》） （574年～622年） 摂政《せっしょう》として，冠《かん》位十二階や十七条の憲法《けんぽう》などを制定し，（　　）	②1984年からの一万円札 福沢諭吉《ふくざわゆきち》（1835年～1901年） 教育者で，<u>学問の大切さを人々に説いたり</u>，現在の大学にあたる慶《けい》応義塾《おうぎじゅく》を創立《そうりつ》したりしました。	③2000年からの二千円札 首里城《しゅりじょう》の守礼門 15世紀初めに成立した琉球《りゅうきゅう》王国の城《しろ》に通じる門のなかでも代表的なもので，（　　）にあります。
④2024年からの一万円札 渋沢《しぶさわ》栄一（1840年～1931年） 実業家として，日本で最初の銀行や，500あまりの会社の設立にたずさわりました。	⑤2024年からの五千円札 津田《つだ》梅子（1864年～1929年） 教育者として，現在の大学にあたる「女子英学塾」を創立し，女子教育に力をつくしました。	⑥2024年からの千円札 北里柴三郎《しばさぶろう》（1853年～1931年） 医学者として，破傷風《はしょうふう》という伝染《でんせん》病の治療《ちりょう》法を開発したり，伝染病の研究所を創立したりしました。

（1）**ノート**の①について，これより古い時代のできごとを，次から二つ選び，記号で答えなさい。

答

ア　清少納言《せいしょうなごん》が「枕草子《まくらのそうし》」を書く　イ　大化の改新がすすめられる
ウ　邪馬台国《やまたいこく》を卑弥呼《ひみこ》が治める　エ　仏教が日本に伝わる

（2）**ノート**の①について，⑤の書き方を参考に，（　　）に文章を入れて，説明を完成させなさい。

答

（3）**ノート**の②の下線部について，福沢諭吉の著書《ちょしょ》の中でもっとも関係の深いものの名前を答えなさい。

答

（4）**ノート**の②の福沢諭吉は大阪《おおさか》で育ちました。今の大阪府《ふ》で起こった次のできごとを，起こった順に並《なら》びかえ，記号で答えなさい。

答　→　→

ア　豊臣秀吉《ひでよし》が大阪城《じょう》を築く　イ　堺《さかい》で鉄砲《てっぽう》の生産がはじまる
ウ　大仙古墳《だいせんこふん》（仁徳天皇陵《にんとくてんのうりょう》）がつくられる

（5）**ノート**の③の（　　）にあてはまる都道府県名を答えなさい。

答

（6）**ノート**の④～⑥に関して，2024年から新しいお札に肖像《しょうぞう》画として採用される人物は，共通して，いつごろ，どのように活躍《かつやく》したといえますか。**ノート**の④～⑥と右の**資料**を参考にして，解答欄《らん》の（　　）にあてはまるように答えなさい。

答
2024年から新しいお札に肖像画として採用される人物の共通点は，
主に江戸《えど》時代末期から（　　　　）時代の初めにかけて生涯《しょうがい》を送り，
（　　　　　　　　　　　　　　　　）

資料　西暦《せいれき》と元号の対照

西　暦	元　号
1868年～1912年	明治
1912年～1926年	大正
1926年～1989年	昭和
1989年～2019年	平成
2019年～	令和

受験番号	

（7）一定の量だけ水のたまっている泉《いずみ》があります。この泉は水をくみ出すと，毎分同じ割合《わりあい》で水がわき出します。この泉をからにするには，ポンプ５台を使えば12分，ポンプ８台を使えば６分かかります。
この泉をからにするには，最低何台のポンプが必要ですか。

答	台

２　太郎《たろう》さんの学校の運動会では，男子15人で走るリレーがあります。太郎さんは，そのリレーの順番を決めるための作戦を立てるために，太郎さんのいるＡ組の男子の50m走の記録を測ることにしました。
右の**グラフ１**はＡ組の男子の記録を柱状グラフに表したものです。次の（１）～（３）の各問いに答えなさい。

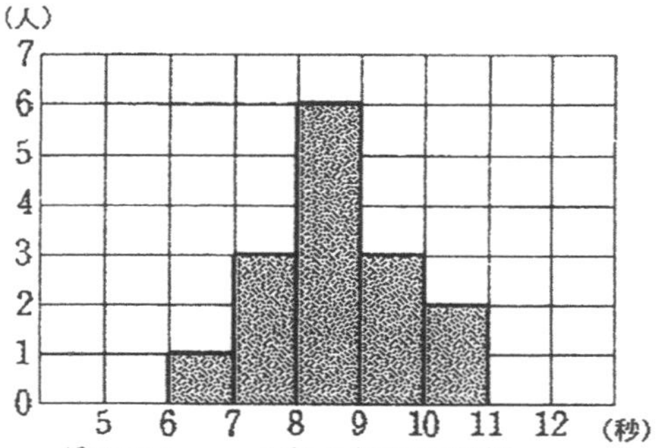

グラフ１　Ａ組の男子の記録

（１）Ａ組の男子で５番目に速い人は，何秒以上何秒未満ですか。

答	秒以上　　　　秒未満

（２）太郎さんは，Ａ組の記録の特徴《とくちょう》を調べるために，Ｂ組の男子の50m走の記録をもらいました。下の**表**は，その記録をまとめたものです。**表**をもとに解答らんの**グラフ２**に柱状グラフをかきなさい。ただし，柱状グラフの柱状の中はぬりつぶすこと。

表　Ｂ組の男子の記録

以上～未満	6～7秒	7～8秒	8～9秒	9～10秒	10～11秒	11～12秒
人数	3	3	3	1	2	3

答

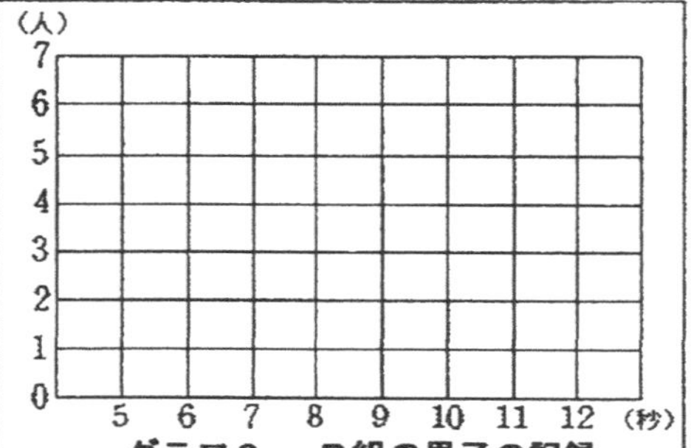

グラフ２　Ｂ組の男子の記録

（３）太郎さんは，**Ａ組の男子の記録**と**Ｂ組の男子の記録**を比べることにしました。**グラフ１**と**グラフ２**を比べ，Ａ組とＢ組の記録の違いを柱状グラフの特徴をもとに答えなさい。

答	

受験番号	

2 太郎さんと花子さんは，ゴムや電気などのはたらきで動く車をつくることにしました。**【文章１】**～**【文章３】**を読んで，（１）～（５）の各問いに答えなさい。

【文章１】図１のコースをつくり，ゴムののびを変えることで，ねらったところに車を止めることができるかを考えました。そこで，**図２**のような車をつくり，ゴムののびとそのはたらきによって進む距離《きょり》との関係を調べることにしました。ただし，車は全てまっすぐ進むものとします。

調べ方　０m地点にものさしを置いてゴムを固定し，そのゴムを車のとめ具にかける。**図１**のように車を引き，ゴムののびをはかる。その後，手をはなし，車の進んだ距離をはかる。車の進んだ距離は，０m地点からゴムのとめ具までの距離とする。

図１

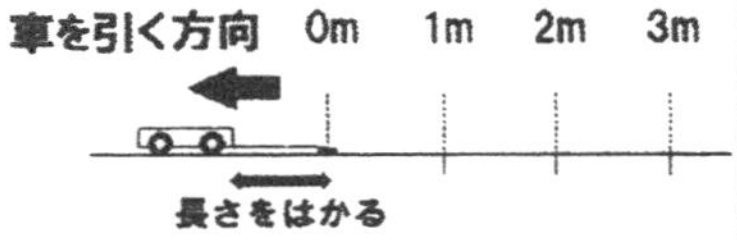

図２

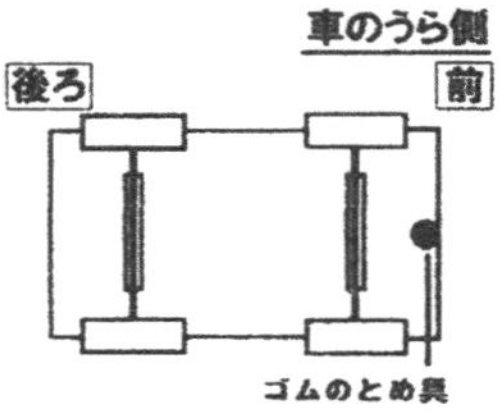

結果　**表　ゴムののびと車の進んだ距離の関係**

ゴムののび	4 cm			8 cm			12cm		
はかった回数	1回め	2回め	3回め	1回め	2回め	3回め	1回め	2回め	3回め
車の進んだ距離	1.0m	1.2m	0.8m	2.1m	1.9m	2.0m	3.3m	2.9m	2.8m

（１）太郎さんは課題を「ゴムを引いて，ゴムが［　　］とする力の大小によって車の進む距離はどのように変化するだろうか。」にしました。［　　］にあてはまる言葉を書きなさい。

答	

（２）車の進んだ距離を2.5mにするためには，ゴムを何cm引くとよいですか。次の**ア**～**エ**から一つ選び，記号で答えなさい。

ア　6 cm　　**イ**　10cm　　**ウ**　14cm　　**エ**　18cm

答	

【文章２】花子さんは，かん電池のはたらきでモーターを回して動く車を考えました。そこで，かん電池２つのつなぎ方によって，車の動きがどのように変わるのかについて調べました。花子さんは「豆電球につないだとき，もっとも長い時間光り続けるつなぎ方が，車を長い時間動かすのではないか。」と予想しました。

（３）**【文章２】**の下線部について，**かん電池**と**モーター**の電気用図記号(回路図記号)をそれぞれかきなさい。ただし，**かん電池**は**図３**に示すとおりに表わすこと。

図３

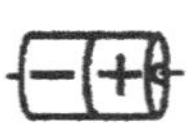

答	かん電池	モーター

（４）花子さんの予想に適したかん電池のつなぎ方を次の**ア**～**エ**から一つ選び，記号で答えなさい。また，そのときのつなぎ方を何というか，書きなさい。ただし，かん電池は全て同じものを使うこととします。

答	記号	つなぎ

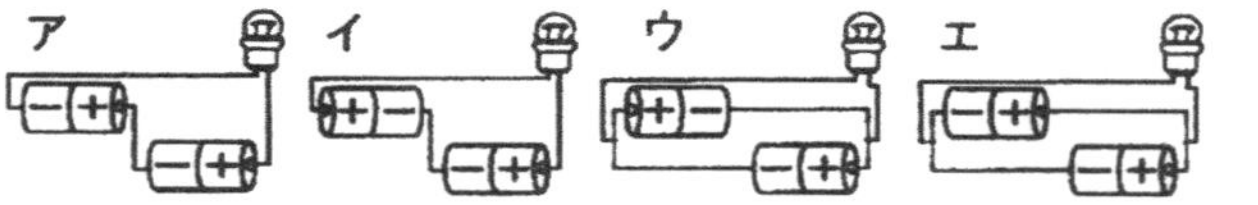

【文章３】太郎さんは，光電池を使った車をつくりましたが，室内では思っていたより速く動きませんでした。そこで，ライトを使って直進する光を光電池に当ててみることにしました。すると，ライトから光電池までの距離や光の強さは変えなくても，**光を当てる角度**を工夫することで車は速く動くことがわかりました。

（５）もっとも車を速く動かすための**光を当てる角度**について，どのようなことがいえますか。解答らんの（　　）中にうめる形で答えなさい。

答	車を速く動かすためには，ライトから直進する光と光電池との角度が（　　　　）

令和２　理　科

１　次の【会話】は，太郎《たろう》さんが健康しん断をうけたときのものです。（1）～（6）の各問いに答えなさい。

【会話】

看《かん》護師「太郎さんの①脈はくを調べますので，手首を出してください。」

太　郎「はい。わかりました。」

看護師「15秒間計りますので，気持ちを落ち着け，体を楽にしておいてくださいね…。さて，脈はくの回数は15秒間で，17回でした。きん張しましたか？」

太　郎「大じょうぶです。私《わたし》の②１分間の脈はくの回数は，（　　　）回といえますね。」

看護師「そうですね。さて次に，血液検査のために，注射《しゃ》器で③血液を少し採りますよ。針《はり》をさすときに，チクッと痛みますが，がまんしてくださいね。」

太　郎「痛いのは苦手だなぁ。注射とは別のことを考えておこう。えーっと，そうだ，今日は，家に帰ったら大好物の④サツマイモを食べようかな。養分もたくさんふくまれていそうだし…。看護師さんは，食べることが好きですか？」

看護師「私も，食べることが大好きですよ。そういえば，太郎さんは今日，にょうの検査も受けましたね。これは，⑤じん臓《ぞう》のはたらきを調べるためなのですよ。では，今日の検査は終わりです。」

図１

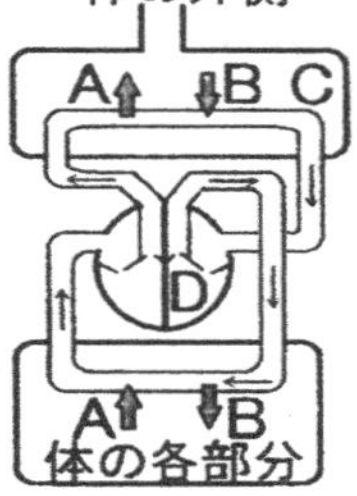

図２　じん臓

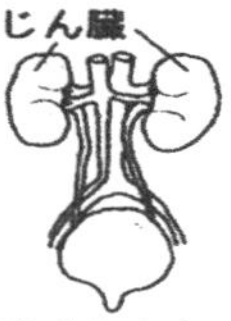

（1）下線部①について，心臓が縮《ちぢ》んだりゆるんだりして，全身に血液を送りだす動きの名前を何というか答えなさい。

答	

（2）下線部②について，（　　　）内にあてはまる，太郎さんの１分間の脈はく数を求め，数字で答えなさい。

答	

（3）下線部③について，ヒトの血液の流れやはたらきについて正しく説明しているものを，次のア～エから全て選び，記号で答えなさい。

ア　血液は，１日に何度も体の各部分をめぐり，体の各部分に必要なものをわたす。

イ　血管の中を流れる血液の流れは，呼吸《こきゅう》をすると逆向きになる。

ウ　血液には，二酸化炭素を運ぶはたらきがない。

エ　体の各部分をめぐって心臓にもどってきた血液は，次に肺《はい》へ運ばれる。

答	

（4）図１は，ヒトの血液の流れや，ものの受けわたしを簡《かん》単に示しています。矢印Ａ・Ｂは血管を出入りするものの動きを，Ｃ・Ｄは関係する体のしくみを示しています。矢印Ｂについて，血管を出入りするものの名前を答えなさい。また，ヒトのようにＣのつくりをもつ生物を，次のア～エから全て選び，記号で答えなさい。

ア　クジラ　　イ　フナ

ウ　メダカ　　エ　スズメ

答	名前	Ｃのつくりをもつ生物

（5）下線部④について，サツマイモにたくわえられ，私たちが食べることで利用する主な養分を，けんび鏡で観察しました。観察結果はア・イのどちらですか。その記号と養分の名前を答えなさい。

ア

イ

答	記号	名前

（6）下線部⑤について，図２のじん臓のおもなはたらきを，血液・不要なもの・水という言葉を必ず使い説明しなさい。説明文は「じん臓は，」で始め，「にょうをつくる。」で終えること。

答	じん臓は， にょうをつくる。

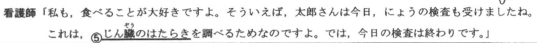

令和２年度

理科

※算数・理科の２教科 45分・配点非公表

●指示があるまで開いてはいけません。

●問題を開いたら，右上のらんに受験番号（数字）を記入しなさい。

●解答は解答らんに記入しなさい。

●ていねいな文字で，こくはっきりと書きなさい。

●「始めなさい」の合図で始めなさい。

●「終わりなさい」の合図で筆記用具を置きなさい。

滋賀大学教育学部附属中学校

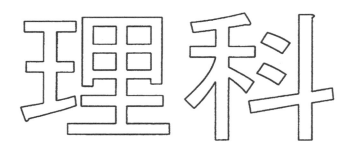

令和２　算　数

１　次の（１）～（７）の各問いに答えなさい。

（１）１２＋６÷(３－１)　を計算しなさい。

答	

（２）次の数を小さいものの順番にならべ，記号で答えなさい。

ア $1\frac{3}{8}$　**イ** １．５　**ウ** $\frac{10}{7}$　**エ** $\frac{6}{5}$

答	→ → →

（３）**図１**のような四角形の４つの角の大きさの和は360°です。このことを，解答らんにある図の中に作図をし，また「三角形の３つの角の和が180°である」ことを使って説明しなさい。

図１

答

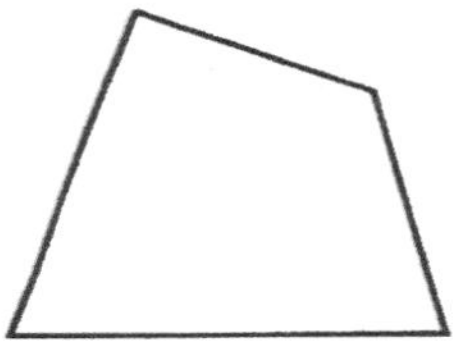

（４）**図２**のような立方体があります。
頂点《ちょうてん》Hから頂点Bまで，立方体の辺の上を通って進むとき，何とおりの進み方があるか答えなさい。
ただし，遠回りをせずに進むものとします。

図２

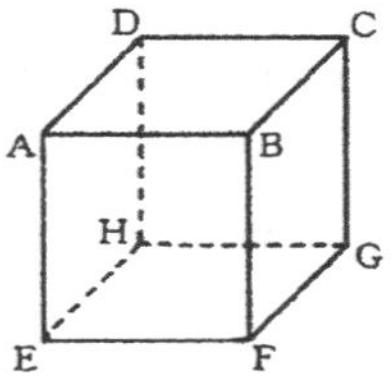

答	とおり

（５）**図３**のように，たての長さが４cmと２cmの大小２つの長方形をならべました。影《かげ》のついた面積が11cm²のとき，大きいほうの長方形の面積を求めなさい。

図３

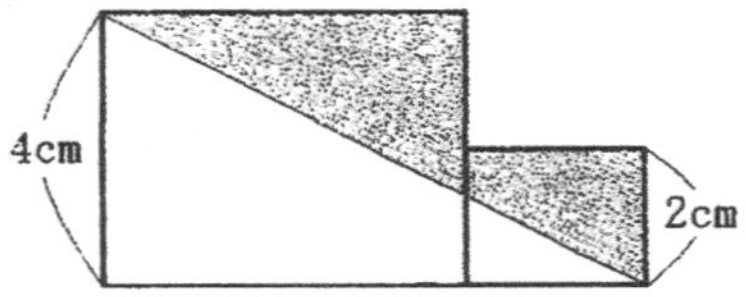

答	cm²

（６）４時から５時の間で，時計の長針《ちょうしん》と短針がつくる角が133°になるのは，４時何分のときか答えなさい。ただし，１分間で長針は６°，短針は０．５°動くものとする。

答	４　時　　分

令和２年度

算数

※算数・理科の２教科 45分・配点非公表

●指示があるまで開いてはいけません。

●問題を開いたら，右上のらんに受験番号（数字）を記入しなさい。

●解答は解答らんに記入しなさい。

●ていねいな文字で，こくはっきりと書きなさい。

●「始めなさい」の合図で始めなさい。

●「終わりなさい」の合図で筆記用具を置きなさい。

●計算用紙はありません。計算は余白でしなさい。なお，途中の計算は残しておくこと。

滋賀大学教育学部附属中学校

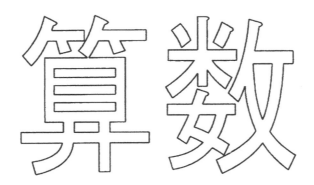

令和２　社　会

１　太郎《たろう》さんは，「滋賀県《しがけん》の日本一」を調べ，ノートにまとめました。太郎さんの**ノート**や**資料**を見て，次の（１）～（７）の各問いに答えなさい。

ノート

○①男性の平均寿命《じゅみょう》は日本一
○②県内総生産にしめる製造業で働く人の割合《わりあい》は日本一
○③肉用牛の飼養農家１戸あたりの頭数は日本一
○④スマートフォン・パソコンの普及率《ふきゅうりつ》は日本一

資料１　主な国の食料自給率(カロリーベース)

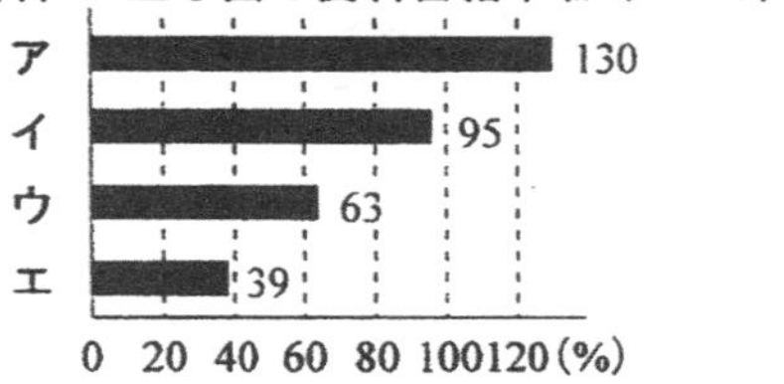

（2013 年　農林水産省資料）

資料２　さまざまなメディアのよい点・問題点

	よい点	問題点
テレビ	映像《えいぞう》と音声を使っていて分かりやすい。	放送の時間が決まっている。
ラジオ	（　　　　）	音声だけで分かりにくいこともある。
新聞	読み返すことができる。切《き》りぬいて残せる。	すぐに知ることができない。
インターネット	自分で知りたいことを調べられる。	⑤個人情報が守られないことがある。

答

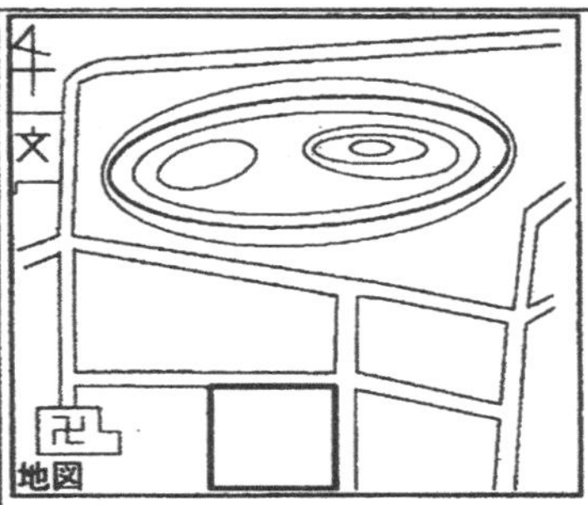

（１）太郎さんは，下線部①を知り，自分の健康状態が気になり，健康しん断を受けるため，病院へ行きました。太郎さんが行った病院は，山の南側にあります。地図中の□に病院の地図記号をかきなさい。

（２）太郎さんが病院から北側にある山を見たとき，山の形はどのように見えますか。もっとも近いものを，次から選び，記号で答えなさい。

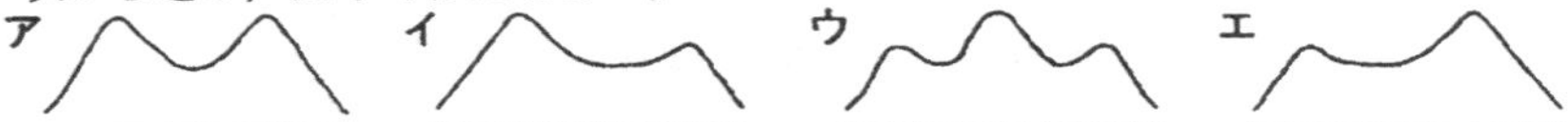

答

（３）太郎さんは，下線部②のことから，産業別の人口の割合をグラフにあらわそうと考えました。このとき，用いるのに一番よいグラフを，次から選び，記号で答えなさい。

ア　棒《ぼう》グラフ　　イ　折れ線グラフ　　ウ　帯グラフ　　エ　柱状グラフ

答

（４）太郎さんは，下線部③のことを知り，世界の国々の食料自給率について調べ，**資料１**にまとめました。食料自給率とは何ですか，説明しなさい。

答

（５）**資料１**から，日本の食料自給率にあたるものを選び，記号で答えなさい。

答

（６）太郎さんは，下線部④のことから，メディアのよい点・問題点を**資料２**の表にまとめました。**資料２**の中の（　　　）にあてはまる「ラジオのよい点」を，一つ書きなさい。

答

（７）**資料２**の下線部⑤について，わたしたちが個人情報を守るため，インターネットを使う際に，自分自身が気をつけなければならないことを，一つ書きなさい。

答

令和２年度

社会

※国語・社会の２教科 45分・配点非公表

●指示があるまで開いてはいけません。

●問題を開いたら，右上のらんに受験番号（数字）を記入しなさい。

●解答は解答らんに記入しなさい。

●ていねいな文字で，こくはっきりと書きなさい。

●「始めなさい」の合図で始めなさい。

●「終わりなさい」の合図で筆記用具を置きなさい。

滋賀大学教育学部附属中学校

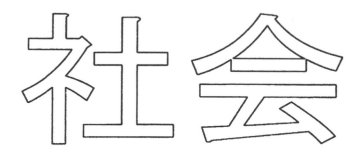

問一　═══線①～⑩　のカタカナを正しい漢字に直しなさい。

①	②	③
も		

④	⑤	⑥

⑦	⑧	⑨

⑩
て

問二　──線ア　とありますが、この語に対する主語を【資料一】の文より抜き出しなさい。

答

問三　──線イ　とありますが、その理由としてもっともふさわしいものを後の１～４から選び、記号で答えなさい。

１　江戸時代の終わりに生み出された品種だから。

２　もっとも古いものは樹齢約一四〇年のものだから。

３　寿命は短く、六〇年から八〇年までだから。

４　植木職人が掛け合わせて生み出したから。

答

問四　──線ウ　とありますが、これは何を指していますか。解答らんに合うように一五字以内で答えなさい。

答　ソメイヨシノは　＿＿＿＿　ため

問五　──線エ　とありますが、なぜ「のこり二〇年間」と言えるのですか。【資料一】本文中の言葉を用いて説明しなさい。

答

問六　──線オ　とありますが、その対策として長浜市は病気にかかった枝をせん定することの他に、どんなことを行いましたか。【資料一】本文中の言葉を用いて一六字以内で答えなさい。

答

問七　【資料二】と【資料三】について、後の問いに答えなさい。

（１）［１］にあてはまる言葉を【資料一】から七字で抜き出して答えなさい。

答

（２）［２］・［３］にあてはまる言葉を考えて書きなさい。

答　２

答　３

（３）［４］・［５］にあてはまる言葉を【資料二】をもとに考えて書きなさい。ただし、［４］は五字以上七字以内にすること。

答　４

答　５

平成３１年度

国語

※国語・社会の２教科 45分・配点非公表

●指示があるまで開いてはいけません。

●問題を開いたら，右上のらんに受験番号（数字）を記入しなさい。

●解答は解答らんに記入しなさい。

●ていねいな文字で，こくはっきりと書きなさい。

●「始めなさい」の合図で始めなさい。

●「終わりなさい」の合図で筆記用具を置きなさい。

滋賀大学教育学部附属中学校

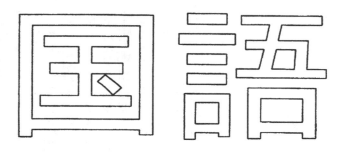

受験番号

一　次の資料を読んで、問一から問八に答えなさい。

〈資料一　山根浩二「天ぷら鍋《なべ》から燃料タンクへ」本文〉

現在車両登録されている自動車をすべて電気自動車に置き換《か》えたとすると、今ある全国の発電所から生み出される発電量ではすべての電気自動車分をまかなうことはできない。ア**そのため**には、原子力発電所を一五①**キ**ほど②**シンセツ**する必要があるという計算になるようだ。［あ］、将《しょう》来、すべての自動車を電気自動車に置き換えることは難《むずか》しいということになる。

約一一〇年前にディーゼルエンジンを③**ハツメイ**したルドルフ・ディーゼルは、ハツメイ④**トウショ**、ピーナッツ油をそのまま燃料にしてエンジンを動かしていた。ディーゼルエンジンは「豚《ぶた》の胃袋《ぶくろ》」とも呼《よ》ばれ、どんな油でも消化してしまう。［い］、使われる燃料によってはイ**腹《はら》を壊《こわ》してしまう**こともある。［う］、天ぷらを揚《あ》げたあとの廃《はい》食油をただろ過しただけでディーゼル自動車の燃料として使用している人がいるが、エンジンそのものはスムーズに動いているように感じるだろうが、エンジン内部やバルブにカーボン堆《たい》積物がびっしりと⑤**フチャク**して、エンジンを痛《いた》めてしまうことになる。

このような問題の解決方法として「バイオディーゼル（ＢＤＦ）」がハツメイされた。これは植物油や動物脂《し》、またそれらの廃食油を熱化学的に処《しょ》理して、通常のディーゼルエンジンの燃料に用いられている軽油に近い性状に変換《かん》したウ**燃料である**。

わが国のように、廃食油のみを原料に［え］品質なバイオディーゼル燃料を⑥**セイゾウ**して利用している国はほとんどなく、わが国のセイゾウ・利用技術は世界的に見てもレベルが高い。エ**廃食油をコミュニティで収《しゅう》集し、それをバイオディーゼル燃料に加工して地域《いき》のエコバスに利用すれば、一般《ぱん》家庭のみならず運輸部門の二酸化炭素の削《さく》減にもつながることになる。**

現に、彦《ひこ》根駅―滋《し》賀大学間では、地域の廃食油を収集して加工されたバイオディーゼル燃料を利用するシャトルバスが走っている。

筆者は、今は亡《な》き⑦**オンシ**から「エンジンに酒を飲ませる話」という⑧**コウエン**を聴《き》いたことがある。これは、ガソリンエンジンの燃料にエタノールを使う研究のことであった。そのとき筆者は、「日本には米からつくる日本酒があり、なぜそれを燃料に使わないのか」と質問したが、そのときのオンシの答えは、「食料を燃料にすると必ず問題が起こる」というものであった。

現在、バイオエタノールはトウモロコシやサトウキビ、バイオディーゼルはパーム油、菜種油、⑨**ダイズ**油などの食料を原料としているため、これらと燃料が競合することになってしまっている。この点から考えても、わが国の地域性を生かした廃食油バイオディーゼルは非常に⑩**ユウボウ**と言える。

〈『地域再生　滋賀の挑《ちょう》戦　エコな暮《く》らし・コミュニティ再生・人材育成』森川稔編による。一部改編〉

〈資料二　太郎《ろう》さんが自分の住んでいるS町を走るバスについて取材し、文章にまとめたもの〉

○取材した内容

【バスの燃料】

家庭や学校の給食室で調理に使用したあとの油を回収して処理したものを使う。S町の菜の花畑からとれた菜種油を原料とした食用油を使うこともある。

【菜の花のさいばい】

S町の中で使われなくなった田んぼを菜の花畑にして、菜種を収穫し、バスの燃料になる菜種油の原料にする。

○取材して考えたこと

菜の花畑でつくった菜種油は一度［A］ものを回収したほうがより環《かん》境にやさしいのではないだろうか。しかし、菜種油が［B］として他の地域からも買われることになると、食用油としてS町に出回らなくなるという問題が起きる。そのうえ、S町で作られた米はおいしいと評判だったのに、その生産をやめて、田んぼを菜の花畑にしてしまう農家が増えると、S町で作られた［C］という問題が起きるだろう。

受験番号	

2 次郎《じろう》さんは，滋賀《しが》県の歴史について調べたことをノートにまとめました。次郎さんのノートを参考にして，次の（1）～（8）の各問いに答えなさい。

次郎さんのノート

○滋賀県でも**図1**のスケッチのような①縄文《じょうもん》時代の土器が見つかっていて，このころから人が住んで生活していたことが分かります。その後，米作りがさかんになると，各地でくにがつくられました。

○古墳《ふん》時代には滋賀県にも全長162mの大きな②前方後円墳《こうえんふん》がつくられました。

○源《げん》氏《じ》と平氏の戦いのとき，源氏軍は滋賀県を通って京都へ入りました。その後，平氏は③壇《だん》ノ浦《うら》で滅びました。滋賀県には「④源　義経《みなもとのよしつね》元服の地」があります。

○滋賀県は交通の要所として多くの人が通行しました。その中で，織田信長は安土に城《しろ》をつくり，⑤城下町《じょうかまち》での商工業をさかんにしました。

○⑥太平洋戦争中，滋賀県には東京や大阪《おおさか》などから多くの人が疎開《そかい》をしてきましたが，県内でも空襲《くうしゅう》を受けるなど大きな被害《ひがい》が見られました。

図1

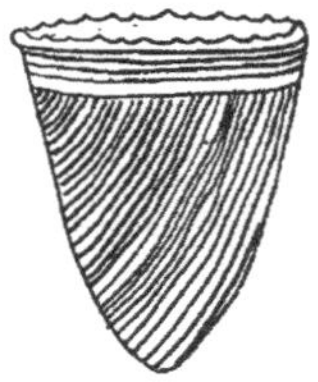

（1）下線部①について，**図1**を見てわかる，縄文時代の土器の特徴を答えなさい。

答	

（2）下線部②について，日本で最大の前方後円墳の名前を答えなさい。

答	

（3）下線部②について，前方後円墳とはどのような形の古墳ですか。向きについても考えて，上から見た形であらわしなさい。

答	後　　　　前

（4）下線部③について，壇ノ浦の位置をふくむものを左の**地図**中の○から選び，○をぬりつぶしなさい。

答　**地図**

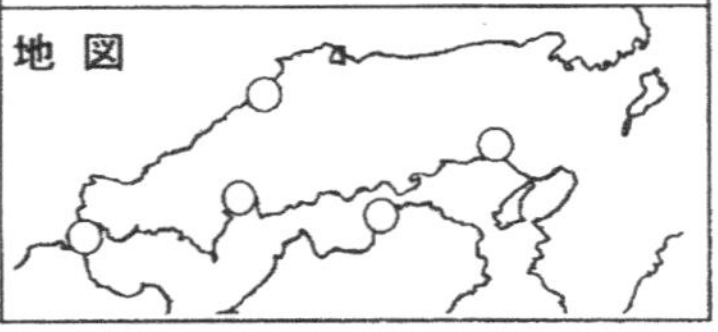

（5）下線部④について，源義経の兄，頼朝はどこに幕府《ばくふ》を開いたか。現在の都市名で答えなさい。

答	

（6）下線部⑤について，織田信長はどのような方法で商工業をさかんにしたのかについて説明しなさい。

答	

（7）下線部⑥について，太平洋戦争より前の出来事の**ア**～**エ**を起こった年の古い順に並《なら》べかえなさい。

答	→ → →

ア　日中戦争が起こる　　**イ**　日清戦争が起こる

ウ　満州事変が起こる　　**エ**　日露《にちろ》戦争が起こる

（8）下線部⑥について，太平洋戦争中の1945年4月にアメリカ軍が上陸し地上戦が行われた都道府県はどこか。都道府県名を答えなさい。

答	

受験番号	

（7）**図3**のような1辺が4㎝の立方体があります。この立方体に直線ＤＰと直線ＡＱの長さがそれぞれ3㎝となる点Ｐ，Ｑをとり，点Ｐ，Ｑ，Ｆ，Ｇを通る平らな面でこの立方体を切ります。頂《ちょう》点Ｄをふくむ立体㋐と頂点Ｃをふくむ立体㋑の体積の比を，最も簡単な整数の比で表しなさい。

図3

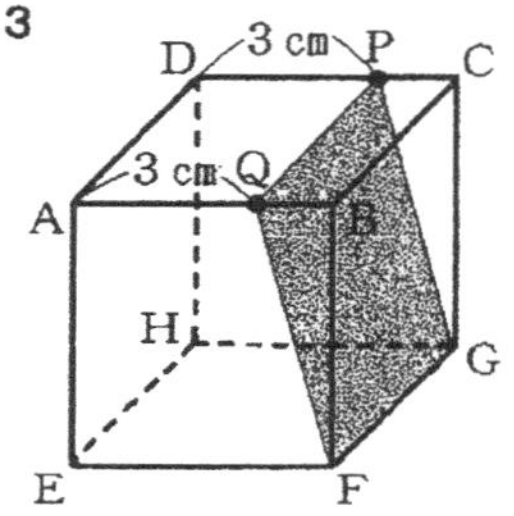

答	立体㋐：立体㋑＝　　　：

2 太郎さんは，滋《し》賀県の建物について調べる目的で，近江神宮《おうみじんぐう》と浮見堂《うきみどう》に自転車で出かけようとしました。附《ふ》属中学校を8時54分に出発し，近江神宮には10時に，浮見堂には13時に着きました。下の**グラフ**は，その時の時間と距離《きょり》のようすを表したものです。**グラフ**をもとに（1）～（3）の各問いに答えなさい。

グラフ

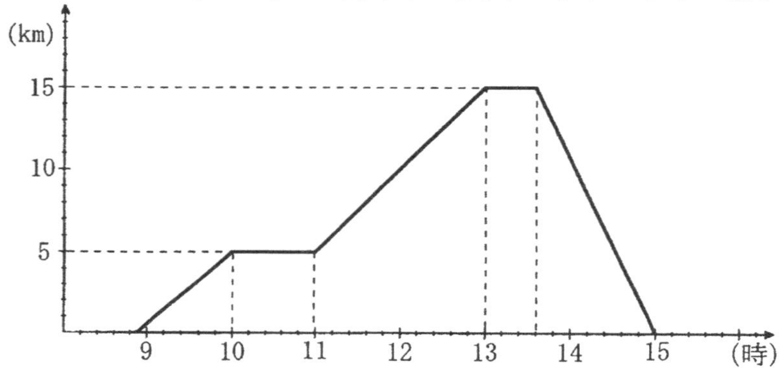

（1）太郎さんが，近江神宮にいた時間は何分間ですか。

答	分間

（2）太郎さんが，近江神宮で止まらずに通過し，そのままの速さで浮見堂まで行ったとすると，何時何分に浮見堂に着きますか。計算して求めなさい。

答	時　　　分

（3）花子さんは，太郎さんが浮見堂の調査に必要なものを忘《わす》れたことに気がつきました。そこで，自動車に乗って時速60kmの速さで同じ道を通って忘れ物を届《とど》けることにしました。太郎さんが浮見堂で調査をしている間に花子さんが浮見堂に着くようにするには，花子さんは何時何分から何時何分の間に附属中学校を出発しなければいけないですか。計算して求めなさい。

答	時　　　分　から　　　時　　　分

受験番号	

2 次の【文章2】を読んで，(1)～(4)の各問いに答えなさい。

【文章2】花子さんは，身のまわりにある空気の成分や，ろうそくを燃やしたあとの空気の成分の特ちょうなどを調べるため，右の**図2**のように，ふたのできるびんとふたを用意しました。びんの中にはあらかじめ，部屋の空気と「ある液体」を入れておきました。

その後，ふたをしたびんの中で火のついたろうそくを燃やす実験をしました。次に，花子さんは気体検知管を使い，びんにふくまれる二酸化炭素の割《わり》合を，**①ろうそくを入れる前**と，**②ろうそくが燃えた後**について調べました。すると，片《かた》方の結果は，**図3**のようになりました。

図2

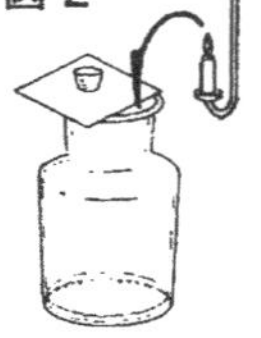

図3

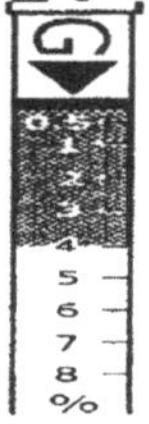

答	

(1) ろうそくを入れる前，びんの中の空気中に最も大きな割合でふくまれる気体の名前を答えなさい。

答	

(2) ろうそくを入れて燃やした後，びんの中にふくまれる気体のうち，ろうそくを燃やす前よりも割合が減る気体の名前を答えなさい。

答	

(3) ろうそくの火が消えた後，ろうそくを取り出し，ふたをしたままびんをふると，下線部の「ある液体」が白くにごりました。この実験に用いるのにふさわしい「ある液体」とは何ですか。名前を答えなさい。

(4) 図3の二酸化炭素の割合を，単位をつけて読みとりなさい。また，この結果は，**①ろうそくを入れる前**か，**②ろうそくが燃えた後**のどちらの場合といえますか。①・②の番号で答えなさい。

答	二酸化炭素の割合		結果の番号	

3 次の【文章3】を読んで，(1)～(3)の各問いに答えなさい。

【文章3】花子さんは，鉄のくぎに太さや種類が同じである長さ5mのエナメル線をまき，200回まきと100回まきの2種類のコイルをそれぞれ作りました。このとき，あまったエナメル線は切らずにたばねておきました。実験には2種類のコイルと，すべて同じかん電池，スイッチ，電流計を使いました。そして，**図4**のような**A～C**の装《そう》置を準備し，スイッチを入れたときにできる**電磁《じ》石の強さ**，**電流の強さ**，**電磁石のはたらき**を調べました。電磁石の強さのちがいは，**図5**のように，電磁石がクリップを引きつける数で比べました。

図4　A　B　C

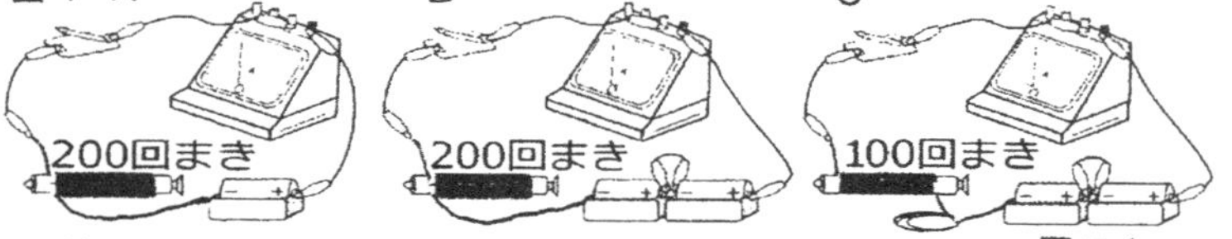

図5

(1) 下線部のようにコイルをつくるとき，なぜ，あまったエナメル線を切らずにおく必要があるのですか。
「**コイル**」「**エナメル線**」「**条件**」という言葉を必ず使って，理由を簡《かん》単に説明しなさい。

答	

(2) 電磁石の強さとコイルのまき数との関係を調べるとき，**図4**の**A～C**の装置のうち，どれとどれを比べるとよいですか。正しい装置の組み合わせを次の**ア～ウ**から一つ選び，記号で答えなさい。

ア　AとB　　イ　AとC　　ウ　BとC

答	

(3) **図4**の**A～C**のうち，電磁石の強さが最も強い装置となるのものはどれですか。**A～C**から一つ選び，記号で答えなさい。

答	

平成３１ 理　科

１　次の【文章１】を読んで，（１）～（６）の各問いに答えなさい。

【文章１】太郎《ろう》さんの学級では，夏に使う電気を少なくするための取り組みとして，緑のカーテン（まどの外やかべに張ったネットなどにつるをのばす植物をカーテンのようにしたもの）をつくることにしました。

ヘチマは南向きのまどの外に植え，その成長の記録を残していくことにしました。**図１**は，太郎さんの記録をもとにヘチマの葉の数と観察したときの気温についてまとめたものです。太郎さんがたねをまいたのが５月15日で，７月18日には花がさきました。また，７月７日に見つけた小さな生き物はアリ以外に，テントウムシの姿《すがた》もありました。

図１　ヘチマの育つようす

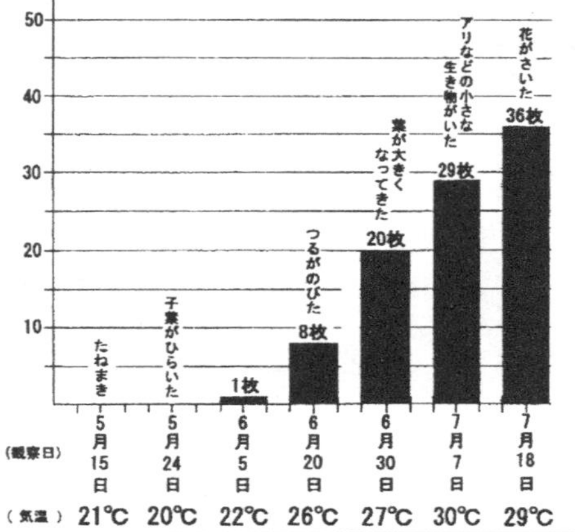

（１）種子が発芽するための条件を３つ答えなさい。

答

（２）太郎さんは先生に「ヘチマなどの植物を日当たりのよいまどの外で育てると，直射《しゃ》日光が教室の中に入ってこないだけでなく，植物の葉のはたらきがまわりの気温を下げる」と教えてもらいました。植物の葉の何というはたらきがまわりの気温を下げるのですか，書きなさい。

答

（３）アリのからだのつくりをあらわすものとして最も適切なものを次の**ア**～**ウ**から一つ選び，記号で答えなさい。

ア

イ

ウ

答

（４）季節のうつりかわりと植物の成長の関係について，観察結果からいえることは何ですか。**図１**を参考にしながら，「**葉の数**」「**気温**」という言葉を必ず使い，解答らんの言葉に続けて説明しなさい。

答　日がたつにつれて

（５）12月になってから，夏に見られた小さな生き物の姿がありませんでした。卵《たまご》をうみ，冬をこすものやかくれてじっと動かなくなるものがいます。テントウムシは，どのような場所で冬をこすと考えられますか。次の**ア**～**ウ**から一つ選び，記号で答えなさい。

ア　かわいた砂地　　　**イ**　落ち葉などの下

ウ　川や池などの水辺

答

（６）太郎さんは，図かんで生き物以外に，季節によってうつりかわるものについて調べました。その結果，季節によって夜空の星座《せいざ》や星の種類がちがうということがわかりました。滋賀県で７月７日の夜８時に，見晴らしのよい場所から見ることができる星座を次の**ア**～**エ**からすべて選び，記号で答えなさい。

ア　わし座　　**イ**　オリオン座　　**ウ**　おおいぬ座

エ　こと座

答

平成３１年度

理科

※算数・理科の２教科 45分・配点非公表

●指示があるまで開いてはいけません。

●問題を開いたら，右上のらんに受験番号（数字）を記入しなさい。

●解答は解答らんに記入しなさい。

●ていねいな文字で，こくはっきりと書きなさい。

●「始めなさい」の合図で始めなさい。

●「終わりなさい」の合図で筆記用具を置きなさい。

滋賀大学教育学部附属中学校

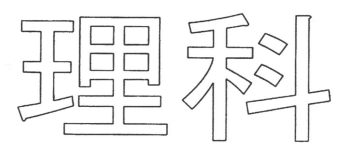

平成３１ 算　数

１ 次の（1）～（7）の各問いに答えなさい。

（1）２４×５－４×５　を計算しなさい。

答	

（2）ある駅から，電車は４分おきに，バスは７分おきに発車しています。15時ちょうどに電車とバスが同時に発車しました。このあと，16時までに電車とバスが同時に発車する時刻《こく》をすべて答えなさい。

答	

（3）あるお店では，右の**表**のようにＳ，Ｍの２種類のサイズのジュースが売っています。太郎《ろう》さんはＳ，Ｍの２種類のサイズのうち「Ｍサイズのジュースを買うほうが得だ」と考えました。なぜ太郎さんはＭサイズのほうが得だと考えたのか，その理由を数を用いて説明しなさい。

表

サイズ	値段	ジュースの量
S	100円	250mL
M	120円	360mL

答	

（4）**図１**にある五角形の１．５倍の拡大図をかきなさい。

図１

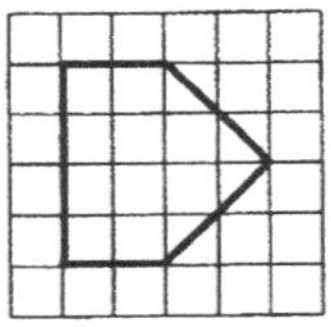

答

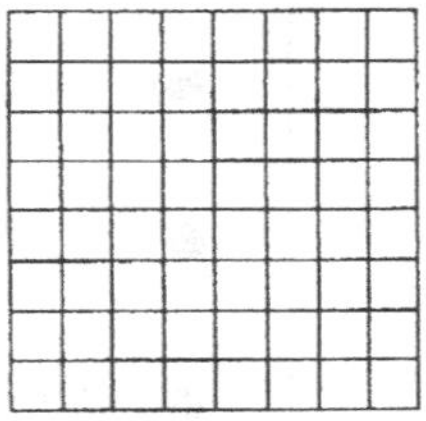

（5）右の**図２**の長方形ＡＢＣＤの面積は120cm²です。
点Ｅは辺ＡＢの真ん中の点，点Ｆ，Ｇは辺ＣＤを３等分する点，点Ｈは辺ＤＡの真ん中の点である。
このとき，かげのついた部分の面積の和を求めなさい。

図２

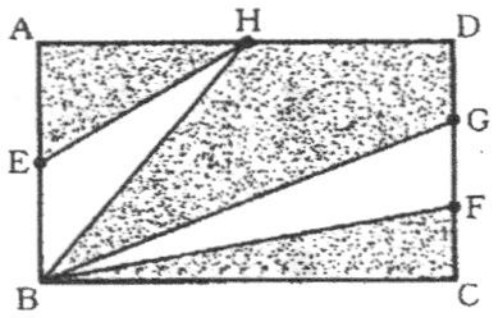

答	cm²

（6）太郎さんは600円のお金を持っています。みかんとレモンを合わせて10個買おうとしました。600円をはらうと，20円足りませんでした。そこで，みかんとレモンの個数を逆にすると，20円のおつりが返ってきました。みかんのねだんがレモンのねだんより１個につき20円高いとき，みかん１個のねだんを求めなさい。

答	円

平成３１年度

算数

※算数・理科の２教科 45分・配点非公表

●指示があるまで開いてはいけません。

●問題を開いたら，右上のらんに受験番号（数字）を記入しなさい。

●解答は解答らんに記入しなさい。

●ていねいな文字で，こくはっきりと書きなさい。

●「始めなさい」の合図で始めなさい。

●「終わりなさい」の合図で筆記用具を置きなさい。

●計算用紙はありません。計算は余白でしなさい。なお，途中の計算は残しておくこと。

滋賀大学教育学部附属中学校

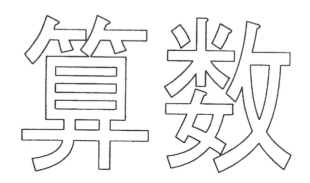

平成３１ 社 会

１ 太郎《たろう》さんは，学校で出された「私《わたし》たちの豊かなくらしのために」という課題について，以下のような資料を集めたり，作ったりしました。これらの資料について，（1）～（7）の各問いに答えなさい。

資料１　太郎さんが作った地域《ちいき》安全マップ

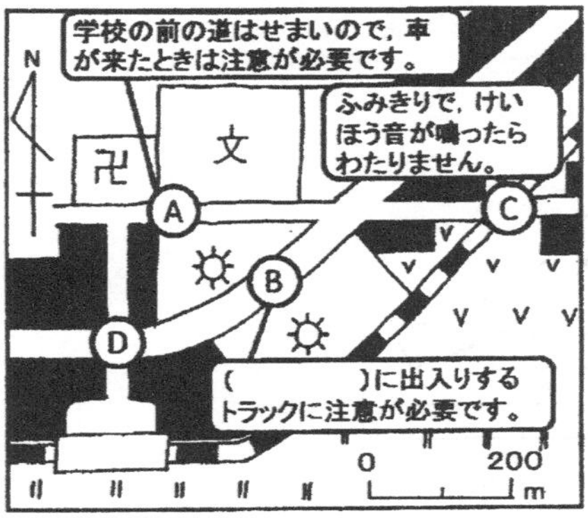

（1）**資料１**のⒷ（　　　）にあてはまるのに最も適した施《し》設名を，地図記号を参考にして答えなさい。

答

（2）**資料１**のⒹの場所で注意することをどう書くとよいか。Ⓐ～Ⓒの書き方を参考にし，交通量に着目して答えなさい。

答

資料２

月	mm
1	419
2	262
3	194
4	96
5	96
6	145
7	211
8	150
9	206
10	211
11	342
12	423

答

グラフ　新潟県上越市の降水量

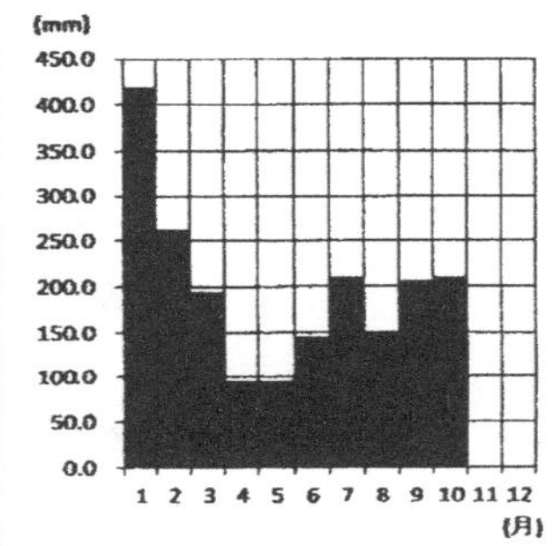

（3）太郎さんは，友達の花子さんが住む新潟県上越市《にいがたけんじょうえつし》のくらしの工夫《くふう》について調べる中で，**資料２**の上越市の降水量《こうすいりょう》（平成 28 年理科年表）の情報を得ました。**資料２**をもとに，右の**グラフ**に11月と12月の棒《ぼう》グラフを記入し，**グラフ**を完成させなさい。

（4）上越市で，冬に（３）の**グラフ**のような特徴《とくちょう》を示すのはなぜか。このことの理由を説明するために太郎さんがかいた**資料３**を参考にして，答えなさい。

資料３　太郎さんがかいた絵

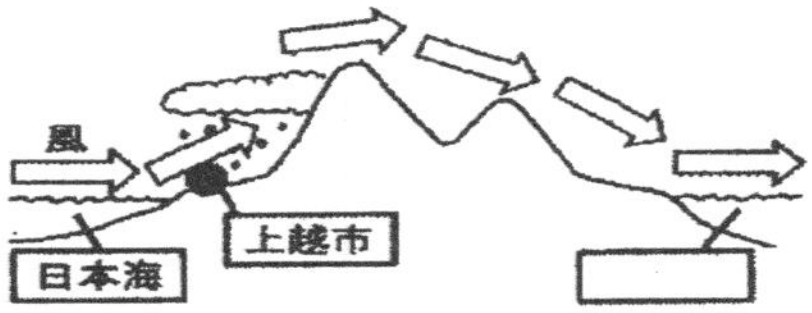

答

（5）**資料３**の□にあてはまるのに適した海の名前を，次から選び記号で答えなさい。

ア　オホーツク海　　**イ**　太平洋　　**ウ**　インド洋　　**エ**　大西洋

答

（6）（３）や（４）に関して，上越市で見られる工夫として最も適切なものを次から選び記号で答えなさい。

ア　堤防《ていぼう》が高く築かれている　　**イ**　用水路が整備されている

ウ　屋根が工夫されていて，急な角度になっている家が多い

答

（7）太郎さんが住むまちでは，太陽光パネルを設置した家があります。太郎さんは，電力を得る発電方法を調べる中で，**資料４**のような特徴の発電方法を見つけました。この発電方法の名前を答えなさい。

資料４　発電量を調整しやすく，日本では最も多く発電されている方法です。しかし，二酸化炭素を多く出すことや，資源《しげん》が日本で採れず輸入に頼《たよ》っていることなど課題もあります。

答　　　　発電

平成３１年度

社会

※国語・社会の２教科 45分・配点非公表

●指示があるまで開いてはいけません。

●問題を開いたら，右上のらんに受験番号（数字）を記入しなさい。

●解答は解答らんに記入しなさい。

●ていねいな文字で，こくはっきりと書きなさい。

●「始めなさい」の合図で始めなさい。

●「終わりなさい」の合図で筆記用具を置きなさい。

滋賀大学教育学部附属中学校

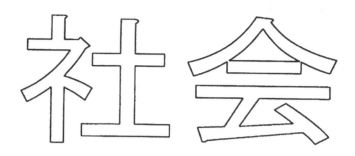

問一 ═══線①～⑩ のカタカナを正しい漢字に直しなさい。

①	②	③
④	⑤	⑥
⑦	⑧	⑨
⑩		

問二 **〈資料一〉** の文中 **あ** ～ **う** に当てはまる言葉の組み合わせとして最もふさわしいものを後の**1**～**4**から選び、記号で答えなさい。

1 **あ** したがって **い** そして **う** とりわけ
2 **あ** したがって **い** しかし **う** たとえば
3 **あ** よって **い** だが **う** なぜなら
4 **あ** よって **い** ところが **う** すなわち

答

問三 **───線ア** とありますが、それはどのような場合にどうするためですか。**〈資料一〉** の言葉を用いて答えなさい。

答

問四 **───線イ** とありますが、これをたとえの表現を使わずに言い表すとどうなりますか。**〈資料一〉** の言葉を用いて答えなさい。

答

問五 **───線ウ** とありますが、この文の主語を答えなさい。

答

問六 **え** に当てはまる言葉を考えて、漢字一字で答えなさい。

答

問七 **───線エ** とありますが、この内容を言い表す四字熟《じゅく》語として最もふさわしいものを後の**1**～**4**から選んで記号で答えなさい。

1 一進一退 **2** 一日千秋
3 一石二鳥 **4** 一刀両断

答

問八 **〈資料二〉** について後の問いに答えなさい。

（1） **A** ・ **C** に当てはまる言葉を考えて答えなさい。

A	C

（2） **B** に当てはまる言葉を **〈資料一〉** から八字で抜《ぬ》き出して答えなさい。

答

（3） **「○取材して考えたこと」** に書いてある課題を解決する方法として、ふさわしくないものを後の**1**～**4**から一つ選んで記号で答えなさい。

1 油を回収《しゅう》してもらうごとにポイントがたまり、菜種油を買うときの割《わり》引券に換えてもらえる。
2 現在米作りをしている田んぼでとれた米で酒をつくり、バイオエタノール燃料にする。
3 S町で生産した菜種油は、S町の人が優《ゆう》先して買えるように工夫をして売ることにする。
4 S町産のお米のおいしさを知ってもらうために、町のイベントでS町産の米を使った料理を食べてもらう。

答

K 教英出版

平成３０年度

国語

（国語・社会で 45 分）

（配点非公表）

●指示があるまで開いてはいけません。

●問題を開いたら，右上のらんに受験番号（数字）を記入しなさい。

●解答は解答らんに記入しなさい。

●ていねいな文字で，こくはっきりと書きなさい。

●「始めなさい」の合図で始めなさい。

●「終わりなさい」の合図でえん筆を置きなさい。

滋賀大学教育学部附属中学校

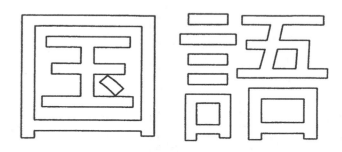

受験番号

一　次の資料を読んで、問一～八の問いに答えなさい。

【資料一「よみがえれ、湖国の恵《めぐ》み」本文】

彦《ひこ》根城《じょう》のまわりには、昔のままの道筋《すじ》に町家が軒《のき》を①ツラねた一角がある。二階が低いのを「つし二階」といって、頭がつかえる。町人が武士を見下ろすのは無礼だというので、正規の二階が禁じられていたせいである。＊禁制がとれたあとの二階は高くなる。ア二階の高さで時代が分かる。イそんな町家のデコボコをながめながらブラつきたいが、そうもしていられない。彦根りんご園を訪《たず》ねる②ヤクソクがある。青森や信州ならともかく、ウたいていの人が首をかしげるにちがいない。③キコ温暖《だん》な湖東にりんごがみのったりするのか。

エ　忘《わす》れられていたのだが、文化十三年（一八六一）、石居泰次郎《いしいやすじろう》なる彦根藩《はん》士が金五両を借り、りんごの苗《なえ》木二百本を購《こう》入してりんご園を開いた。それ以後、昭和初年まで栽培《さいばい》され、「彦根りんご」として知る人ぞ知る④トウチの名産だった。

オ首をひねりながら彦根市南西の郊《こう》外へやってきた。黒ずくめのおシャレな建物が入口で、奥《おく》の農園には、たしかにカたわわに実をつけたりんごの木が並《なら》んでいる。実のつき方が青森や信州のりんごとちがって小枝にびっしりふさ状についており、一丁前のりんごでも、ピンポン球を少し大きくしたぐらい。

黒い建物に「尊和林庵《そわりあん》」と、おごそかな標札がかかっている。あとで意味をたずねたところ、好きな字を並べるとこうなったとか。二階に上がると、「彦根りんごを復活する会」会長、事務局長に迎《むか》えられた。テーブルの上に小さな段《だん》ボールの箱が見えた。「まぼろしの彦根りんご」のラベルに「復活二百年祭」とそえてある。彦根藩士が借金してまで⑤ココロみたりんご園を平成の⑥ヨに、もののみごとによみがえらせた。

はじめて知ったのだが、りんごは平安時代に中国から伝わって以来、日本各地で「⑦ワリンゴ」「地リンゴ」の名で栽培されている。彦根りんごもその一つで、八月に収穫《しゅうかく》が⑧ハジまるところから、お盆《ぼん》の＊供物《くもつ》に用いられ、市場へも出荷されていたらしい。

それが姿《すがた》を消したのは西洋りんごの進出による。それでもほそぼそと栽培していた人はいたのだが、昭和三十年代に⑨テンテキゴマダラカミキリによって、わずかに残っていた木も枯《か》れてしまい、やがて彦根りんごそのものが人々の記憶《おく》から消えていった。（中略）

あとで小さな段ボールを開けたところ、小さなりんごが六つ入っていた。ためしに食べてみると、チビッこりんごは歯切れがよく、⑩サンミが強いが、かすかに甘《あま》みもあって、なにか懐《なつ》かしい、いたずら好きのりんごと遊んでいるような独特の味わいだった。

〈池内　紀　著《ちょ》「よみがえれ、湖国の恵み」による。一部改編〉

＊禁制…法律や規則などでそうすることを禁止すること

＊供物…神仏に供える物

【資料二　花子さんの作った情報メモの一部】

「情報メモ」

・大きさはゴルフボールくらい。
・お土産《みやげ》品として使われている。
・道路を広げる工事のため、農園の一部がなくなった。
・200年の時を経て復活。
・香《かお》りがよい。
・横にずんぐりとしていて、甘ずっぱさと渋《しぶ》みが特徴《とくちょう》。
・歯ざわりがよく、西洋りんごとはちがった味わいがある。

【資料三　花子さんの作ったポスター】

キ　の彦根りんご!

1　彦根りんごの歴史

・文化 13 年、彦根藩士の石居泰次郎が苗木 200 本を買い、育てはじめた。お盆の供物などに重宝されて、昭和初期まで作られていた。

2　彦根りんごが消えたわけ

・西洋りんごが入ってきて、人気がなくなった。
・ゴマダラカミキリによって、わずかに残っていた木も枯れた。
・道路を広げる工事で、農園の一部がなくなった。

3　彦根りんごのみりょく

コ

受験番号

2　花子さんは，2017年に「『神宿る島』宗像《むなかた》・沖《おき》ノ島《しま》と関連遺産《いさん》群」が世界文化遺産に登録されたことから，日本の世界文化遺産の歴史を調べました。このことについて，（1）～（6）の各問いに答えなさい。

（1）花子さんは，「『神宿る島』宗像・沖ノ島と関連遺産群」のうち，「沖ノ島」の説明を以下のように書きました。次の記述を参考に，「沖ノ島」の位置をふくむものを左の**地図**中の○から選び，○をぬりつぶしなさい。

答

地図

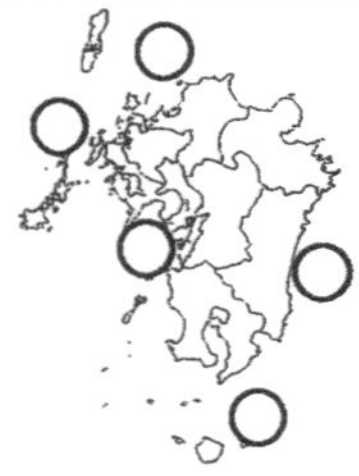

「沖ノ島」は，九州と朝鮮《ちようせん》半島との間で，対馬海流が流れる玄界灘《げんかいなだ》にあります。福岡県《ふくおかけん》に属し，福岡市からは約77km離《はな》れています。「沖ノ島」では，航海の安全や他国との交流の成功を願い，古墳《こふん》時代から平安時代にかけて祈《いの》りが行われました。

（2）花子さんが調べた次の世界文化遺産について，関係の深い時代順にならびかえなさい。

答　→　→　→

ア　明治時代の富岡《とみおか》製糸場　　イ　室町時代の慈照《じしよう》寺銀閣《ぎんかく》

ウ　平安時代の中尊《ちゆうそん》寺金色堂　　エ　江戸《えど》時代の二条《にじよう》城

（3）花子さんは，修学旅行で世界文化遺産である広島県の原爆《げんばく》ドームを訪《おとず》れました。広島に原爆が投下されたことよりも後のできごとを，次から２つ選び記号で答えなさい。

答

ア　不平等条約の改正が達成される　　イ　朝鮮《ちようせん》戦争が起こる

ウ　東京オリンピックが開催《かいさい》される　　エ　満州事変が起こる

（4）花子さんは，校外学習や修学旅行で，奈良《なら》県の東大寺や広島県の厳島《いつくしま》神社といった世界文化遺産を訪れていたため，２つの寺社の特徴《とくちよう》について，比較《ひかく》するための**表**(マトリックス)を書いてまとめました。次の表の［　　］に適した人物名や文章を，**表**や**年表**を参考にしてそれぞれ答えなさい。

答

表

	奈良県の東大寺	広島県の厳島神社
関わりの深い歴史上の人物	・　が建てさせました。	・平清盛《たいらのきよもり》をはじめとする平氏があつく信仰《しんこう》しました。
建てられた目的	・	・航海など海上交通の安全を祈るための神社です。
寺社の建物の歴史	・戦いの中で平氏に建物が焼かれることがありました。本殿《ほんでん》は，江戸時代の建物が今に伝わっています。	・神社は飛鳥時代に建てられましたが，平安時代の建物の造りが今に伝わっています。

年表

737年
このころ都で病気が流行する
740年
貴族《きぞく》の反乱《はんらん》が起こる
741年
全国に国分寺を建てる命令を出す
752年
大仏の開眼式《かいげんしき》

（5）（4）の**表**の内容を参考に，平氏は２つの世界文化遺産とどのように関《かか》わっているか，説明しなさい。

答

（6）花子さんは，滋賀《しが》県にも比叡《ひえい》山延暦《えんりやく》寺が世界文化遺産としてあることを知りました。比叡山延暦寺も焼《や》き討《う》ちにあった過去があります。焼き討ちを命じた人物は一向一揆《いつき》などの仏教勢力も攻《せ》めておさえました。この人物の名前を答えなさい。

答

受験番号	

（7）**図3**のように，0から25までの番号の書いた大きなタイルが番号順に並《なら》べてあります。最初，太郎さんと花子さんは0の番号の書いたタイルの上にいます。この状態から2人でじゃんけんをして，勝ったら3枚《まい》，負けたら1枚，あいこなら2枚のタイルを右の方向に進むゲームをしました。例えば，2回じゃんけんをしたとして，1回目はあいこ，2回目は太郎さんが勝ったとすると，太郎さんは5，花子さんは3のタイルの上にいることになります。最初の状態から，じゃんけんを8回し終わったときに太郎さんは19，花子さんは13のタイルの上にいました。このとき，あいこの回数は何通りか考えることができますが，もっとも多い回数を答えなさい。

図3

0	1	2	3	4	5	…	…	…	24	25

答	回

2　**図4**のようなレンガと，**図5**のような水そうがあります。レンガも水そうもどちらも直方体です。このとき，（1）～（3）の各問いに答えなさい。

図4

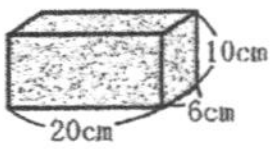

図5

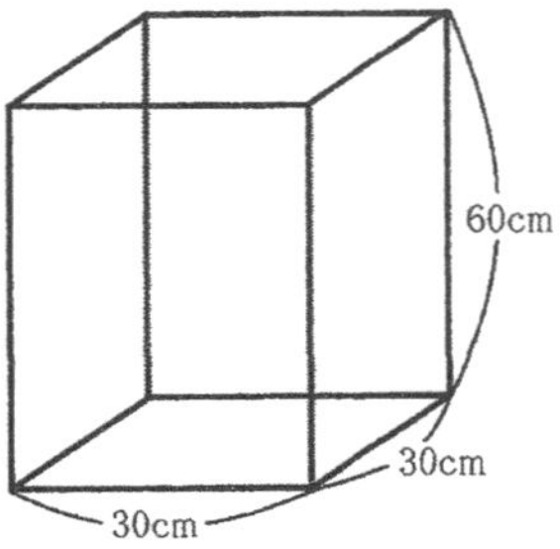

（1）**図4**のレンガ1個の体積を求めなさい。

答	cm^3

（2）**図6**のように，空《から》の水そうにレンガを3個置きました。この水そうに毎秒200cm^3の割合《わりあい》で水を入れていくとき，水そうが水でいっぱいになるのは何秒後か求めなさい。

図6

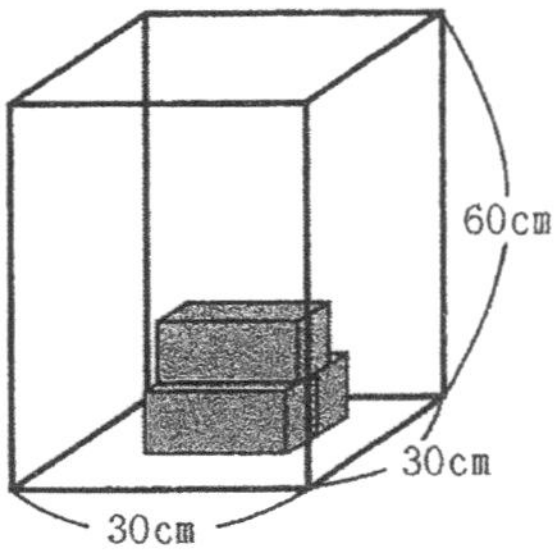

答	秒後

（3）水そうの底にレンガを1個立てて置き，水を入れたところ，**図7**のようになり，レンガは水そうの底から11cmの高さの分だけ水につかりました。このレンガを水の中に全体がつかるように倒《たお》すと，水面が上がりました。何cm水面が上がったのか求めなさい。

図7

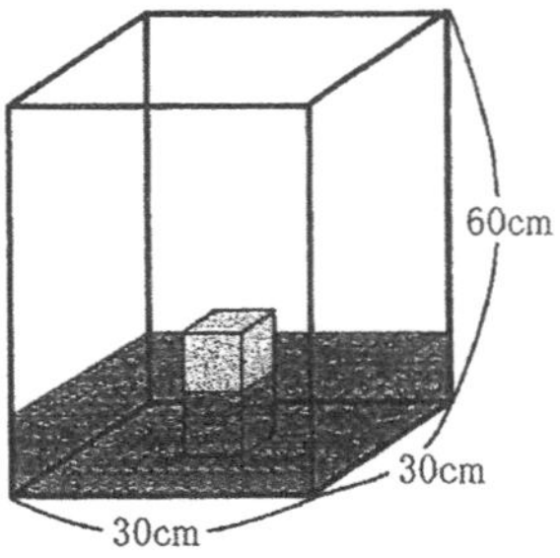

答	cm

受験番号	

2　次の【文章２】【文章３】を読んで，（１）～（４）の各問いに答えなさい。

【文章２】 c日本には，古くより海水から塩を取り出す技術が伝えられていると聞いた太郎さんは，その方法についてくわしく調べると，学校の図書室の本に，「塩田と呼ばれる砂《すな》浜に海水をまき，その塩のついた砂を集めてこい海水をつくって塩を取り出す技術」という内容が書いてありました。このことから太郎さんは，水よう液からとけているものを取り出す方法を調べるために，仮説を立ててみました。

太郎さんの立てた仮説：水よう液の温度によって，ものがとける量に変化があるかもしれない。

太郎さんのおこなった実験

２つのビーカーに60℃の水50gをそれぞれに入れ，その中に15gの食塩とミョウバンをそれぞれまぜました。その後，２つの水よう液をろ過してできた水よう液を氷水の入った容器に入れ，温度によって中にとけているものが出てくるか調べました。表１は，その結果をまとめたものです。

【文章３】花子さんは，身のまわりの水よう液には何がとけていて，どのような性質であるか興味を持ち，リトマス紙を用いて調べることにしました。表２は，その結果をまとめたものです。

表１　５０ｇの水にとける食塩とミョウバンのとけ方について

	２０℃	４０℃	６０℃
食　塩	何も変化がなかった	何も変化がなかった	全てとけた
ミョウバン	多くのとけ残りが出てきた	少しとけ残りが出てきた	全てとけた

表２　水よう液の性質とリトマス紙の色の変化

	うすい塩　酸	炭酸水	食塩水	うすい水酸化ナトリウム水よう液
赤色リトマス紙	赤色のままだった		赤色のままだった	青色に変わった
青色リトマス紙	赤色に変わった		青色のままだった	青色のままだった
水よう液の性質	①		②	③

（１）上皿てんびんを使って食塩とミョウバンを15gずつはかります。上皿てんびんを水平な台の上に置いたあと，はじめに片《かた》方の皿に**分銅**か，**はかりたいもの**か，どちらからのせればよいですか。

答	

（２）実験結果より，水よう液の温度を下げて取り出しやすいものと，そうでないものがあることがわかりました。実験後，使ったビーカーを数日間，日当たりの良い場所に置いておくと，水にとけていた食塩とミョウバンが取り出せました。このことから，太郎さんは下線部cについて次のように考えました。次の（ア）（イ）に当てはまる言葉を書きなさい。

水よう液の水の量が変わると，食塩が水に（ア）も変わるので，海水を砂浜にまいて水を（イ）させ，こくした海水をさらに加熱してたくさんの塩を取り出していたのではないか。

答	ア	イ

（３）花子さんが実験で用いた４種類の水よう液の性質について，表２の①～③に当てはまる言葉を**中性・酸性・アルカリ性**の中からそれぞれ１つずつ選んで書きなさい。

答	①	②	③

（４）図４の試験管の中には，うすい塩酸か食塩水のどちらかが入っています。試験管の中の液が，うすい塩酸であることを確かめるために，【文章２】【文章３】とは異《こと》なる方法を書きなさい。また，どのような結果であればうすい塩酸であるといえるか，書きなさい。（味やにおいを確かめることはできません。）

図４

答	方 法	結 果

平成３０ 理　科

１　次の【文章１】を読んで，（１）～（５）の各問いに答えなさい。

【文章１】図１は，太郎《たろう》さんの家の庭のようすを示しています。太郎さんは，昨年のある日に，おじさんからもらったメッセージカードをぐう然に見つけました。「今月20日の正午に，庭の入り口から２番目のしき石の上の中心に立ち，地面にできる太郎の頭のかげの位置を調べ，穴《あな》をほってみなさい。君へのプレゼントだ。」と書かれていました。そのカードを何月にもらったのかを忘れた太郎さんは，カードに示された場所を確かめるため，毎月20日に太陽の動きと，かげのできるようすを，１年をかけて調べることにしました。太郎さんの家の庭とその周囲は見通しがよく，調べた日はよく晴れていました。図１の位置**ア**，**イ**，**ウ**は３月20日，６月20日，12月20日のいずれかの日の正午に，穴をほった位置だけを示しています。調べてみると**ウ**の位置に，$_A$角がとれて丸くなった直けい10㎝ほどの石がうめてありました。これは，おじさんが少年時代に$_B$川原で見つけてひろった石で，大切にしていた思い出の石だということでした。

図１ 庭のようす

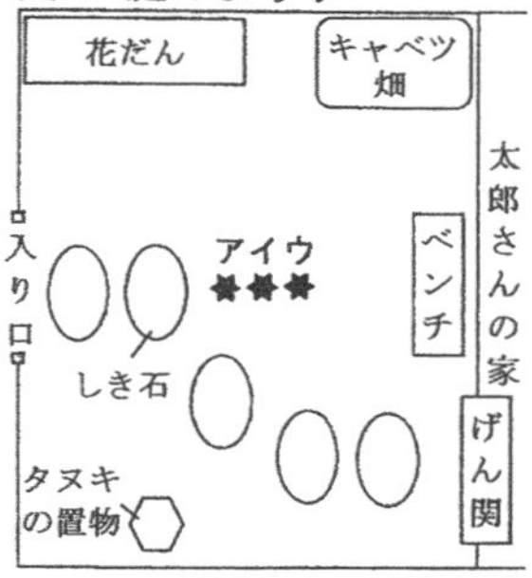

（１）①３月20日，②６月20日，③12月20日にほった穴の位置はそれぞれ，図１の位置**ア**，**イ**，**ウ**のうちどれですか。１つ選び，記号で答えなさい。

答	①	②	③

（２）図１で，庭の入り口から２番目のしき石の中心に立つと，西の方角には何がありますか。庭にあるものから選びなさい。

答	

（３）冬のある日に，太郎さんは１日をかけて，自分の頭のかげの先の位置がどう動いていくのかを観察しました。立つ位置を決めて，頭のかげの先の位置について連続的に記録した結果は，次の**エ**～**キ**のうちどれですか。１つ選び，記号で答えなさい。ただし，太郎さんの立つ位置を●で，記録した順序を矢印で示しています。

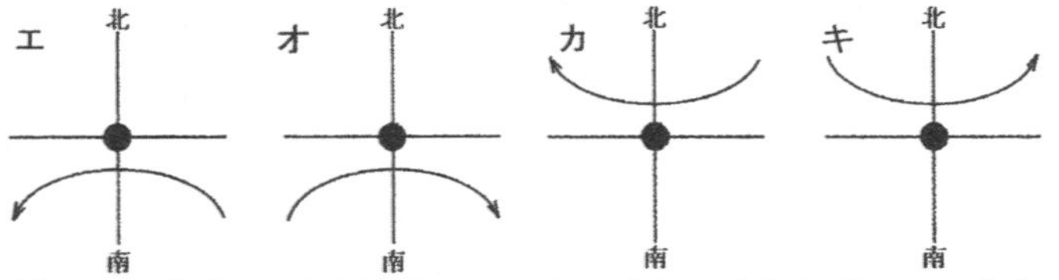

答	

（４）下線部$_A$，下線部$_B$から判断すると，おじさんがくれた図２のような石は，**山の中の川原・平地の川原**のどちらで見つけたものだと考えられますか。どちらかの**場所**を選び，答えなさい。また，そう考えられる**理由**を「**流れる川**」・「**山の中**」・「**平地**」という言葉を必ず使い，それぞれの場所で見られる石のちがいがわかるように説明しなさい。

図２

答	場所	理由

（５）庭のキャベツ畑では，モンシロチョウの飛んでいる姿《すがた》がよく見られました。ある日，庭に遊びに来ていた花子さんが，太郎さんに「キャベツの葉に卵《たまご》が産み付けられている」と言いました。太郎さんが，図３のような卵を見つけるためには，キャベツの葉の表・うらのどちら側を観察するとよいですか。

図３

答	キャベツの葉の　　　　　側を観察するとよい。

平成３０年度

理科

（算数・理科で 45 分）

（配点非公表）

●指示があるまで開いてはいけません。

●はじめに受験番号（数字）を記入しなさい。

●解答は解答らんに記入しなさい。

●ていねいな文字で，こくはっきりと書きなさい。

●「始めなさい」の合図で始めなさい。

●「やめなさい」の合図でえん筆を置きなさい。

滋賀大学教育学部附属中学校

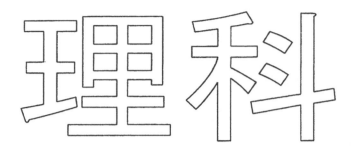

平成３０ 算　数

１ 次の（１）～（７）の各問いに答えなさい。

（１）2017＋2016＋2015　を計算しなさい。

答

（２）下の**表１**は，あるニワトリが８月から12月までの５ヶ月間の食べたえさの量を表したものです。このニワトリが，１年間同じようにえさを食べるとすると，１年間では何kg食べることになりますか。

表１　ニワトリのえさの量（８月から12月）

月	８月	９月	１０月	１１月	１２月
えさの量（kg）	３７	４２	４５	３８	４３

答　kg

（３）花子さんのグループで，外国に行ったことがある人は，32人います。それは全体の40％でした。花子さんのグループは全員で何人ですか，求めなさい。

答　人

（４）11kmはなれた学校と駅の間に長さ1000ｍの橋がかかっていて，学校から橋に着くまでのきょりは５kmです。太郎《たろう》さんは午前８時に学校を出発して，毎時６kmの速さで歩いて駅に向かいました。花子さんは自転車で駅を出発して，毎時10kmの速さで学校に向かいますが，途《と》中橋の上で太郎さんと出会うようにしたいです。花子さんは何時何分から何時何分までの間に出発しなければいけないですか。

答　時　分から　時　分の間

（５）**図１**の１辺が10cmの正方形ＡＢＣＤにおいて，影《かげ》のついた部分の面積を求めなさい。
ただし，円周率は3.14とします。

図１

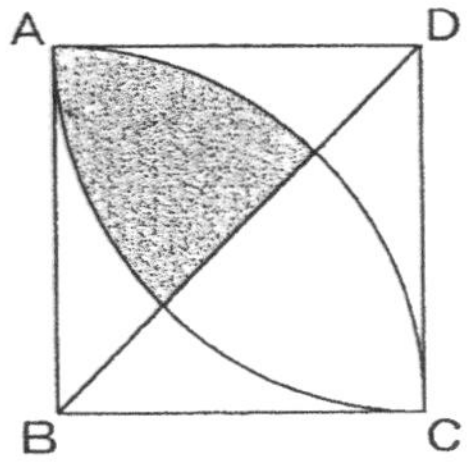

答　cm^2

（６）１辺が16cmの正方形**あいうえ**の中に，**図２**のように**お**，**か**，**き**，**く**のような点をとりました。このとき，四角形**おかきく**の面積を求めなさい。

図２

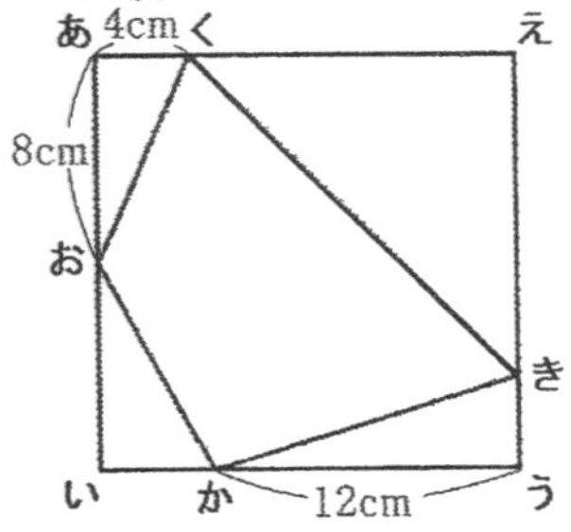

答　cm^2

平成３０年度

算数

（算数・理科で 45 分）

（配点非公表）

●指示があるまで開いてはいけません。

●問題を開いたら，右上のらんに受験番号（数字）を記入しなさい。

●解答は解答らんに記入しなさい。

●ていねいな文字で，こくはっきりと書きなさい。

●「始めなさい」の合図で始めなさい。

●「終わりなさい」の合図でえん筆を置きなさい。

●計算用紙はありません。計算は余白でしなさい。なお，途中の計算は残しておくこと。

滋賀大学教育学部附属中学校

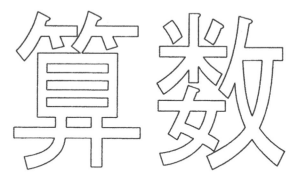

平成３０ 社　会

１　太郎《たろう》さんは冬休みに家族へ「仕事・家事」についてのインタビューをして，自主学習ノートにまとめました。自主学習ノートに書かれたことについて，（1）～（7）の各問いに答えなさい。

お姉さんの話	お父さんの話	おじいさんの話	おばあさんの話
地図をつくる仕事では，建物などが地図と違《ちが》っていないか調べたりするよ。少しでもまちがえていると使う人が困《こま》ってしまうからね。	水道局の仕事は，みんなの生活を支える大切な仕事だよ。家では色々なことに水を使っているけれど，できるだけ①節水を心がけてほしいな。	田や畑での仕事は自然が相手だから大変だけど，みんなの食事を支える大切な仕事だよ。将《しょう》来《らい》，太郎がついでくれるとうれしいんだがな。	わたしの幼《おさな》いころ，洗たくは，②洗たく板を使っていたのよ。１つずつ手で洗《あら》うから大変だったわ。今は電気洗たく機があって，楽になったわ。

資料１
農業で働く人の数の変化
（農林水産省）

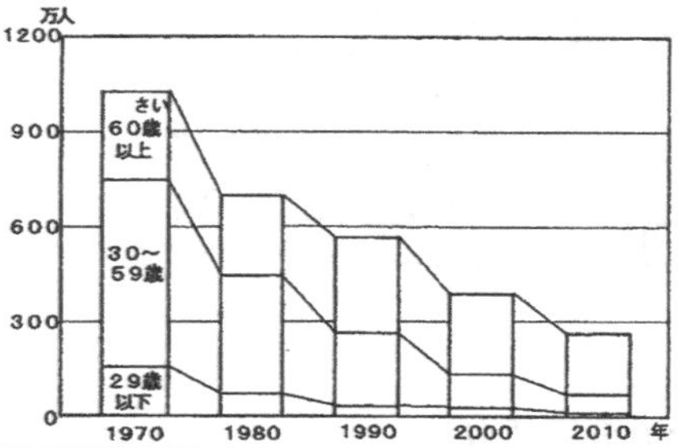

答

太郎さんがつくった**町の地図**

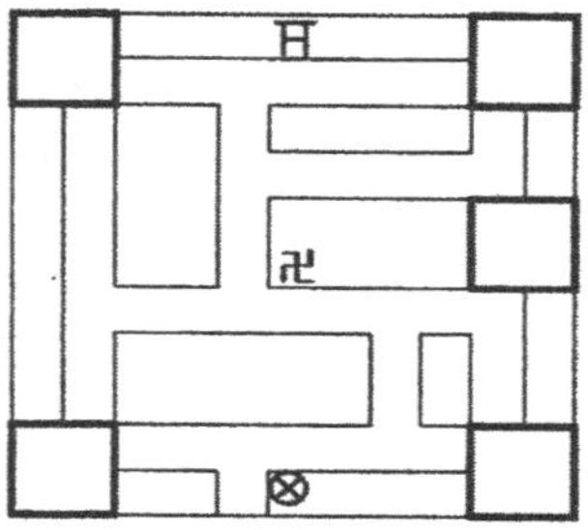

（1）太郎さんは**町の地図**をつくり，自主学習ノートにまとめました。次の文章を参考に，**地図中の**□の中の正しい位置に「図書館」の地図記号を書きなさい。

太郎さんが住む町の図書館は，お寺から見て南東方向にあります。

（2）太郎さんはお姉さんがつくった地図を見て，日本の中で北のはしにあたる島を探《さが》しました。北のはしにあたる島の名前を書きなさい。

答　　　　島

（3）太郎さんは家庭における１日のおもな水の使い道を調べ，表にまとめました。表を見て，多い順にならべて帯グラフを完成させなさい。

洗たく	料理	おふろ	トイレ
60L	20L	120L	50L

答　0　50　100　150　200　250L

（4）太郎さんは，**下線部①**の「**節水**」をすすめるポスターをつくることにしました。ポスターにのせる呼《よ》びかけ文を家庭での具体的な取り組みを入れてつくりなさい。

答

（5）**資料１**のグラフを見て，現在の農家がかかえる問題点を２つ書きなさい。

答　１つめ　　２つめ

（6）最近取り組まれている，自分たちの住むところでつくった食材を，自分たちの住んでいるところで消費することを何といいますか。

答

（7）**下線部②**の「**洗たく板**」で洗たくをするときの長所を１つあげなさい。

答

教英出版

平成３０年度

社会

（国語・社会で45分）

（配点非公表）

●指示があるまで開いてはいけません。

●問題を開いたら，右上のらんに受験番号（数字）を記入しなさい。

●解答は解答らんに記入しなさい。

●ていねいな文字で，こくはっきりと書きなさい。

●「始めなさい」の合図で始めなさい。

●「終わりなさい」の合図でえん筆を置きなさい。

滋賀大学教育学部附属中学校

問一 ═線①～⑩ のカタカナを正しい漢字に直しなさい。

①	②	③	④	⑤	⑥	⑦	⑧	⑨	⑩
ねた				みた			まる		

問二 ──線ア について、この文の主語を書きなさい。

答

問三 ──線イ とありますが、へこんでいる家があるのは、どうしてですか。【資料二】のことばを用いて、説明しなさい。

答

問四 ──線ウ について、なぜ筆者はそのように考えたのですか。理由がわかる一文を【資料一】から見つけ、はじめとおわりの五字を抜き出しなさい。（句読点をふくむ）

答　はじめ　おわり

問五 エ に当てはまることばとして、最も適切なものは次の１～４のどれですか。番号で答えなさい。

１　はっきり　２　すっかり
３　さっぱり　４　やっぱり

答

問六 ──線オ とありますが、首をひねった理由として、最も適切なものは次の１～４のどれですか。番号で答えなさい。

１　長旅の疲《つか》れをいやしたかったから。
２　「尊和林庵」の場所がわからなかったから。
３　彦根りんごの味を想像できなかったから。
４　本当に彦根りんごがあるのか、わからなかったから。

答

問七 ──線カ とありますが、どういうことですか。【資料一】のことばを使って、具体的に書きなさい。

答

問八 花子さんは、【資料一】と自分で調べた【資料二】をもとに、彦根りんごのよさを伝えるポスター【資料三】を作りました。後の問いに答えなさい。

（１）キ に当てはまることばを、【資料一】から四字で見つけ答えなさい。

答

（２）【資料三】の中で、【資料一】に書かれていないことは何ですか。抜き出して書きなさい。

答

（３）コ に【資料一】と【資料二】に共通して書かれている内容を使って、彦根りんごのみりょくを書きなさい。

答